ESENCIA DE LÍDER

Dr. Francisco Carreño-Gálvez

FICHA TÉCNICA

Título: Esencia de Líder
Autor: Francisco Carreño Gálvez
Diseño de portada: Paco Carreño Sr.
Editorial: SHODO Ediciones

© 2012 Francisco Carreño Gálvez

Primera Edición: Septiembre 2012

ISBN: 978-1479131020

A mis padres, a Jyotika,
y a todas las personas que buscan la excelencia en sus vidas
a través del desarrollo personal y el liderazgo.

ÍNDICE

BLOQUE III: El Mercadeo en Redes: fábrica de líderes

AGRADECIMIENTOS

Es un placer tener la oportunidad de agradecer la influencia, el impacto de sus enseñanzas, y el apoyo que me han brindado personas como Samuel Rodríguez, un líder hecho a si mismo y todo un ejemplo de honestidad, o uno de sus maestros, José López. Sus historias y la autenticidad de su liderazgo son fuente de inspiración para mi y muchas otras personas.

Al margen de si un líder nace o se hace, desde mi formación más temprana hasta el presente, me considero afortunado al haber contado con dos de mis líderes favoritos. Esos que nunca te abandonan y que te hacen sentir capaz, fuerte y orgulloso de ti mismo. Líderes generosos de los que, en alguna que otra ocasión, he tenido que tomar prestada su fe en mi, cuando la mía flaqueaba. Líderes que jamás abandonaron, con una tenacidad y una claridad de visión poco comunes. Por supuesto que les seguiré siempre porque, además de la admiración que me inspiran como líderes, siento un amor sincero y profundo hacia ellos. Esto es gracias a vosotros, mis queridos padres. A ti, papá, que antes de morir me animaste a volar y emprender, y me enseñaste el significado del amor y la compasión. A ti, mamá, por tu integridad moral, la autonomía con la que me has dotado, el apoyo, el sacrificio y la apuesta por la excelencia en mi formación integral, y por tu amor infinito.

Este libro tiene mucho de lo que yo llamo "conversacional", porque las buenas conversaciones han fraguado ideas y conceptos poderosos y enriquecedores que nutren algunas de estas páginas. Afortunadamente tengo gente a mi alrededor con la que disfruto de conversaciones de ese tipo. Empezando por Jyotika, con quien no dejo de sorprenderme día a día por su bondad y su corazón, sin falta de coraje y determinación. Tote, un líder humilde que a veces no sabe ni que lidera, y con el que disfruto de una amistad de alto nivel. Alberto Moreno en Aranda de Duero, un auténtico defensor del desarrollo personal como motor de cambio. Jose Ávila, una de esas personas auténticas y con una determinación muy fuera de lo común. Francis Ataide, un líder que además posee una espiritualidad extraordinaria resultado de haberla sufrido, madurado y trabajado hasta hacerla brillar como lo hace hoy. Arturo García, un amigo de esos que ni en sus peores circunstancias deja de regalarte energía y apoyo. Juan Verde, un ejemplo real de liderazgo y testimonio vivo de que se pueden conseguir grandes cosas. Josu Gómez Barrutia, un líder de servicio – uno de los más difíciles y mejores liderazgos que existe – que ha revolucionado mi realidad compartiendo y ofreciendo oportunidades. Gracias amigo.

Finalmente quiero agradecerle a usted, estimado/a lector/a, el tiempo que dedicará a leer y reflexionar sobre estas ideas y conceptos. No sé si se considera alguien que lidera, ni si quiera sé si lidera realmente, lo que sí sé con total seguridad es que usted tiene la oportunidad de avanzar y progresar (sea cual sea el área) de una forma diferente. El desarrollo personal es quizá el campo de conocimiento más susceptible de hacerle llegar a donde usted quiera. Más lejos que cualquier título, pues es el desarrollo personal lo que mueve a la persona a hacer lo necesario para obtenerlo. Liderar es uno de los resultados del viaje que denominamos desarrollo personal. Sin embargo, es algo especial en tanto participa inexorablemente del grupo, de las demás personas a las que lidere y que también deje que le lideren. Por lo tanto, tome estas ideas como mejor le convengan. Mi misión es colaborar en el desencadenamiento del potencial y el desarrollo personal de quien la lea, porque creo que se pueden conseguir muchas cosas cuando un número suficiente de personas sintonizan en los niveles fundamentales del desarrollo humano, sea cual sea la empresa o el objetivo.

AUTOR

Francisco Carreño Gálvez (Sevilla, 1980) se caracteriza por su espíritu crítico, así como un carácter abierto, comprometido, perfeccionista, soñador y emprendedor.

Erudito del desarrollo personal, sus intereses giran entorno a la salud natural (nutrición y ejercicio), la excelencia personal, el emprendimiento, el liderazgo, y la magia de las relaciones personales.

Su formación científica (alcanzó el grado de Doctor en Ciencias de la Actividad Física y el Deporte) le ha dotado de una fuerte capacidad analítica y metodológica, gracias a la cual aborda sus temas de interés con gran claridad expositiva y una fuerte fundamentación.

Gracias al estudio exhaustivo, numerosos seminarios y eventos específicos, su contacto con autores de reconocido prestigio internacional, así como su propia experiencia empresarial, ha acumulado una importante formación y experiencia en el campo del liderazgo y el desarrollo personal para el rendimiento profesional.

Imparte cursos, seminarios y conferencias sobre salud, nutrición, liderazgo y desarrollo personal. Es autor y co-autor de artículos de investigación y opinión en revistas nacionales e internacionales, así como colaborador en portales de divulgación.

Firme defensor del desarrollo personal como motor de cambio para lograr resultados óptimos, compagina su actividad como profesor y conferenciante independiente, con una incesante actitud emprendedora enfocada en ayudar al mayor número de personas a obtener resultados asombrosos.

PRÓLOGO

Cuando mi buen amigo Paco Carreño me pidió que le prologara su libro Esencia de líder me sentí abrumado, pues nunca me he considerado un líder. Sin embargo, echando la vista atrás me he dado cuenta de que, a lo largo de mi vida, he tenido la fortuna de conocer a muchos de ellos, ver sus características comunes, y por qué no decirlo, empaparme de lo mejor de ellos.

De lo que estoy seguro es que un buen líder se va haciendo con el tiempo, tener esencia de líder no es un don sin más. Hay que trabajarlo, cincelarlo como si de una obra de arte se tratara y sobre todo, estar siempre dispuesto a aprender. El constante aprendizaje y la capacidad de mejorar cada día son algunas de las claves que encontrará en Esencia de líder.

También he conocido a falsos líderes que creían serlo porque abarcaban todos las tareas posibles. Sin embargo, los líderes de los que le hablo, de los que yo he aprendido, son los que han formado un grupo profesional y leal, en el que todos remábamos en la misma dirección.

Cuando llegué con apenas 15 años a Estados Unidos, para estudiar en la escuela de Brighton High, recibí mis primeras clases de liderazgo, aunque por entonces no lo supiera. Con los años me di cuenta que lo que los profesores y mis entrenadores me decían cada día eran las claves para llegar a ser un líder. Me hablaron del esfuerzo, de la confianza en uno mismo, del tesón, del trabajo duro… y de que si uno quiere triunfar, tiene que dar siempre lo mejor de uno mismo. De este modo, se puede llegar tan lejos como uno se proponga.

He seguido los buenos consejos que me han dado a lo largo de mi vida y los he aderezado siempre con pasión. Esa pasión me ha hecho trabajar más y mejor, y sobre todo, disfrutar de lo que hago. Me propongo cada día tener los ojos muy abiertos, mirar a mi alrededor y seguir aprendiendo siempre sin temer al fracaso. Me gustan los retos, ponerme a prueba y rodearme de gente y proyectos inspiradores.

A lo largo de mi camino, como seguro que en el suyo, son muchas las personas que me han ayudado a llegar hasta aquí, pues si algo he aprendido es que el éxito individual no existe, el éxito siempre es fruto del trabajo en equipo.

El libro que tiene entre sus manos le servirá para conocer los "ingredientes" de todo buen líder y cómo ponerlo en práctica. Las aptitudes y actitudes necesarias y, sobre todo, para darse la confianza necesaria en que usted también puede manifestar su Esencia de líder. Paco Carreño nos muestra que todos dentro de nosotros tenemos una semilla de líder, pero hay que creer en uno mismo, debe esforzarse, tener fe en cada proyecto que emprenda, ser positivo y si cae, vuelva a levantarse, pero siempre para seguir hacia delante. De ese modo, el resto de las personas comenzará a darse cuenta de que usted tiene auténtica Esencia de líder.

Juan Verde

Co-Director Internacional de la campaña de reelección
del presidente Barack Obama

12

ESENCIA DE LÍDER

Dr. F. Carreño Gálvez

INTRODUCCIÓN

*"Conviértete en el tipo de líder
que la gente siga de forma voluntaria,
incluso si no tienes el título o la posición"*

(Brian Tracy)

No me gusta considerarme experto, sino estudiante. En mi transición desde el mundo académico como doctorando, hacia el mercado laboral y empresarial tendía a querer ser número uno en cada área que necesitara... "Juan Palomo" ese era mi modelo. No tardé en darme cuenta de que aquel tipo que se lo guisaba y comía todo por y para si mismo no gozaba de los resultados y el éxito que yo deseaba. Pude comprender que ser el "hombre orquesta" (toca el bombo con una mano, los platillos con cuerdas atadas a los pies, la harmónica gracias a un soporte que la sujeta en frente de la boca, y una bocina que hace sonar inclinando el cuello) te convierte en objeto de muchas miradas y comentarios, pero ninguna persona que te acompañe. Estás solo.

Siendo sincero es cierto que la soledad de "Juan Palomo" o el "Hombre Orquesta" te enseña una lección de gran valor para el desarrollo personal: la responsabilidad. No tienes excusas, no puedes culpar a nadie ni a nada... tú, solamente tú, eres responsable de tus resultados. Aún así, le recomiendo que aprenda esa lección en cuerpo ajeno, es decir, leer mi testimonio o ver el tremendo batacazo que sufra algún "Juan Palomo" que usted conozca o tenga a su alrededor.

Un día cualquiera, por recomendación de un buen amigo, decidí leer un libro repleto de conceptos e ideas que revoloteaban en mi cabeza, resonaban conmigo y definían mis inquietudes, y que trataban temas tan peliagudos como el éxito, el poder, el liderazgo, o la felicidad. Pensé que ahí estaba el secreto que me faltaba para "dar el gran salto". El secreto estaba allí, no me cabe la menor duda, pero la revelación que experimenté me llevó, más que a dar el gran salto, a caer de bruces sobre mi propia ignorancia. Fueron muchas las ideas que encontré en aquella obra y que me han servido para progresar. Algunas de ellas las traeré a colación a lo largo de los distintos capítulos de este libro. Sin embargo, quiero destacar una especialmente sencilla, totalmente visible y comprobable, y que posee la capacidad de catapultarnos en cualquiera que sea nuestra misión o proyecto.

En su libro "Poder sin límites" Anthony Robbins analiza una gran cantidad de elementos, historias, hechos, ideas, etc. sobre la excelencia humana. En uno de los apartados recopila siete creencias o constantes que se repiten en la gran mayoría de casos de personas con un nivel extraordinario de rendimiento en sus respectivos campos, personas con tremendo nivel de éxito, liderazgo, felicidad, etc. De esas siete creencias destacaría aquella que dice:

NO es necesario saber de todo para poder servirse de todo.

Ese fue, sin lugar a dudas, un momento definitivo en mi desarrollo personal. Entender que no tengo que ser un experto de renombre y saberlo todo sobre algo para poder utilizarlo. Los grandes líderes han desarrollado ese conocimiento práctico suficiente de muchos temas que les ha permitido avanzar y crecer, sabiendo identificar y rodearse de los mejores en las distintas áreas, no dudando en incorporarlos en su grupo. El resultado final es un mayor avance y la creación de un equipo, con lo que el disfrute y la alegría son compartidos.

Me gustó tanto esa idea que decidí aplicarla en tantas áreas como me fuera posible. Le invito a que reflexione y "mastique" bien el concepto de no tener que ser "Juan Palomo". Me atrevo a decir que se quitará un gran peso de encima y abrirá las puertas a la creación de nuevas redes de contactos con un valor potencial enorme.

Explore sobre todo lo que le haga vibrar pero no se preocupe si no alcanza el grado de experto en ese campo... El refrán que dice "el que mucho abarca poco aprieta" no incluye el comentario sobre el nivel de dicha y desarrollo personal que alcanza ese que "poco aprieta". En mi opinión ese refrán es muy aplicable y acertado en algunas áreas, pero en lo que al desarrollo como persona se refiere debemos permanecer hambrientos de nuevos conocimientos, nuevas ideas y experiencias. La mochila de nuestro desarrollo personal, si se me permite el símil, es un tanto especial: cuanto más elementos introducimos, más espacio disponible tenemos (como el bolso de Mary Poppins), y cuanto más contenido tiene esa mochila, menor es la carga que representa y más ligeros nos hace sentir.

El libro que está usted leyendo es el fruto de muchas ideas, reflexiones, experiencias desagradables y agradables, resultados negativos y positivos, así como el estudio en diversas áreas conectadas directa e indirectamente con el tema que nos ocupa.

En el momento de escribir estas líneas en la ciudad de Chicago, no poseo un título que diga que soy experto en liderazgo. Siento defraudarle si ese es el único rasero del que hace uso. Tampoco soy un multimillonario que haya logrado libertad financiera gracias a la industria del Mercadeo en Redes, siento no satisfacer sus estándares, si este era otro de los criterios que debía cumplir para gozar de su respeto y atención. Sin embargo, sí tengo uno que dice que puedo investigar. Así, gracias a las habilidades desarrolladas en cuanto a la documentación, mi carácter inquieto, la oportunidad de haber asistido a seminarios con líderes de renombre mundial, el estudio de la teoría y la práctica, junto con la experiencia y los momentos vividos con algunos de esos líderes, millonarios, y autores de éxito, considero interesante compartir una visión ecléctica sobre el liderazgo.

"Esencia de líder" suena bien, ¿no cree? Aún así, requiere algunas aclaraciones. Una aclaración determinante es que este libro asume que un líder se hace. Es decir, tener esencia de líder no es un don. Ni si quiera es suficiente, ya que habrá que pulirla y entrenarla. La idea que debe quedar clara es que la esencia de líder tiene una base en el trabajo y el desarrollo de habilidades susceptibles de aprenderse y mejorarse.

Otra aclaración es que, si bien la "esencia de líder" que consigamos desarrollar es importante, en lugar de enfocarme en el tipo de esencia o la densidad de la misma, iré unos cuantos pasos más atrás... hasta el origen mismo. En ese punto quiero que entienda que, entre muchas, una de las claves del liderazgo radica en el "suelo" en el que se plantan la semilla y la mezcla de elementos que luego evolucionarán hasta dar la esencia que usted busca. En este sentido, uno de los parámetros fundamentales para que las semillas crezcan en las mejores condiciones es sin lugar a dudas la diversidad de nutrientes disponibles. Aquí es donde quería llegar. "Esencia de líder" muestra cómo erigirnos en líderes nutriéndonos de diversas fuentes, de sectores y áreas de conocimiento que bien podrían ignorarse en algún curso ortodoxo de liderazgo. Los contenidos de tipo más académico no están tan presentes en este libro, pues no es el objetivo primordial. Aquí encontrará ideas, estrategias y conceptos que podrán o no inspirarle y hacer que nutra su liderazgo de forma especial, de forma ecléctica. Lo que sí me atrevo a garantizarle es que la lectura sincera y abierta de este libro se traducirá en enriquecimiento personal, sea cual sea su posición, cargo, situación personal, intención y/o formación previa. Puede que este libro sea la gota que termine de colmar un vaso en el que haya estado acumulando razones para dar un paso determinado en su formación, o en su desarrollo personal. Quizá las ideas mismas que presento a lo largo del texto le sirvan directamente en su práctica profesional cotidiana. O tal vez encuentre que rechaza de plano todo lo que se dice en esta obra, en cuyo caso este libro le habrá servido para reafirmarse en su posición y su forma de entender el liderazgo. De cualquier modo, confío en que este trabajo tendrá su recompensa, que no es otra que su reacción (en un sentido u otro).

En si mismo, este libro es la consecuencia de la puesta en práctica del liderazgo, no tanto por mi parte, sino por la del tantas veces suelo compartir en seminarios, charlas y/o conversaciones informales. Esa persona dio significado a algunas de las ideas sobre el liderazgo que más me gustan, como por ejemplo, la que presenta al líder como esa persona capaz de conseguir que otras personas manifiesten resultados que, por si mimas, no se veían capaces de conseguir. Esa persona es Josu Gómez Barrutia.

Para terminar esta introducción y ponernos manos a la obra, me gustaría presentarle uno de los elementos con los que más satisfecho me siento, y que he intercalado a lo largo de los diferentes capítulos, esperando aportar mi granito de arena particular. Esto es, las bases moleculares y nutricionales que explican y apoyan algunos elementos clave en el desarrollo y puesta en acción del liderazgo. Mi actividad profesional en el área de la nutrición celular y la terapia ortomolecular me han permitido entender que, en muchas ocasiones, lo que nos aparta o dificulta la manifestación de nuestro máximo potencial son aspectos relacionados con la química, la fisiología que sustenta nuestro estado mental, físico y emocional. También espero poder ayudarle a entender que las influencias entre cuerpo y mente son bidireccionales. Es decir, a veces nos sentimos decaídos y nos mostramos pesimistas no tanto por las razones externas (dificultades, malos resultados, pronósticos poco alentadores…), sino por la situación bionutricional interna en la que nos encontrábamos cuando esos elementos externos se presentaron. Un líder ecléctico no puede permitirse el lujo de ignorar uno de los campos más apasionantes del estudio de la excelencia humana, como es la nutrición y las ciencias de la actividad física y el deporte.

Ahora llega el momento de iniciar nuestro viaje. Desde que comencé a escribir este libro hasta cuando ha llegado al lector, yo ya no soy el mismo. Probablemente haya incorporado algún concepto nuevo, alguna idea inspiradora que ha modificado sutilmente mi propia historia. De corazón y con todo mi respeto, deseo que usted experimente algún tipo de transformación después de leer "Esencia de líder".

BLOQUE I: Contexto y Conceptos

1. Crisis: ¿Dónde quieres estar?

No voy a ser yo quien se dedique a recopilar los datos, los titulares, las noticias, los números, etc. que ilustran y confirman que estamos en una crisis sin precedentes. La gran depresión parece ahora un pequeño bache al lado de las consecuencias de la crisis que azota al mundo actualmente. Estamos hablando de cambios profundos que han transformado, sin posibilidad de retorno, el sistema socio-económico en su totalidad. El modelo al completo se desmorona arrastrando con él a los que menos capacidad de maniobra y supervivencia tienen. Cualquier ciudadano puede dirigirse a las hemerotecas o los sitios web correspondientes y obtener una crónica detallada de la catástrofe. Documentales crudos y potentes, libros, entrevistas, etc. pueden ayudarnos a intentar entender el impacto y el alcance de la recesión en la que nos vemos envueltos. Mi intención es estimular la reflexión sobre la actitud con la que enfrentamos esa crisis y relacionarla con el desarrollo del liderazgo.

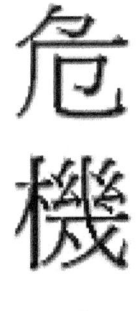

En Kanji la palabra "CRISIS" contiene los símbolos de "Peligro" y "Oportunidad" combinados entre si... No es de extrañar que exista un proverbio que diga:

"Todas las crisis tienen dos elementos: Peligro y Oportunidad. Con independencia de la situación, en el corazón de cada crisis se esconde una gran oportunidad. Abundantes beneficios les esperan a quienes descubran la oportunidad en la crisis"

No cabe duda de que estamos en medio de una crisis global. Mi pregunta entonces, estimado lector, apunta hacia usted directamente: ¿Dónde quiere estar?

Grupo 1: aquellas personas que se lamentan, se quejan y responsabilizan al resto de la humanidad (el sistema, sus gobiernos, sus ayuntamientos, sus vecinos, sus amigos, sus familias, sus parejas, etc.) de su situación actual. Sin embargo, no hacen nada para remediarlo.

Grupo 2: aquellas personas que, aunque no hacen nada, al menos deciden aguantar estoicamente y confiar ciegamente en que algún ente superior se hará cargo de todo y solucionará la situación. No tienen esperanza y reducen todo a *"aguantar y seguir tirando"*

Grupo 3: aquellas personas que, a pesar de las adversidades, perseveran y duplican sus esfuerzos aún cuando eso implica un sacrificio fuera de lo normal. Suele ocurrir que *"arriman el hombro"* pero sus esfuerzos resultan como el que nada con un flotador dentro de una sala inundada en el interior de un barco que irremediablemente está sucumbiendo hacia el fondo. Por más que lo intentan, también se hunden.

Grupo 4: aquellas personas especialmente visionarias y perspicaces que, no sólo deciden que es hora de *"arrimar el hombro"*, sino que identifican la necesidad de un cambio. *"Si continuas haciendo lo mismo, tendrás siempre los mismos resultados"* – se repiten una y otra vez, para recordarse que deben hacer algo distinto si esperan resultados distintos – Estas personas son emprendedoras e inician proyectos nuevos, aún cuando el resto de su entorno les "anima" (yo diría DES-anima) a que no lo intenten. Aquí podemos identificar dos subcategorías más:

- Emprendedores alienados: tienen el espíritu emprendedor pero dentro de unos límites que aceptan como establecidos e inmutables. Emprenden, pero son víctimas de sus propias creencias auto-limitantes, fruto de mucho tiempo en contacto con el "rebaño", hasta el punto de aceptar que en la vida, aunque se pueda emprender, existe un rango, unos límites "normales" que hacen que "así" sea la vida. ¿Los reconoce en esos comentarios? ¿se reconoce alguna que otra vez aduciendo comentarios similares? – yo sí me he visto y de vez en cuando me veo argumentando de ese modo –

- Emprendedores libres: espíritu emprendedor y libertad para soñar... No dan por sentado nada, cuestionan lo "incuestionable", suponen una amenaza a la comodidad mental de quienes le rodean, son tachados de inconscientes, soñadores, locos, utópicos, etc. Sin embargo, este tipo de personas no necesitan la aprobación de nadie cuando toman acción. Ésta es precisamente otra característica de este tipo de persona: toman acción. No esperan. A ojos del "rebaño" son unos "inconscientes", pero es precisamente su grado más elevado de consciencia lo que les mueve. Son conscientes de que los límites "normales" que rigen "cómo se supone que es la vida", no son más que etiquetas, aprendizajes, alienaciones necesarias para mantener el "rebaño" unido y manso... Saben que las limitaciones duran tanto como nosotros les demos pie en nuestra mente... Estos son los líderes que luego el resto de la humanidad identifica y alaba en innumerables ocasiones, con todo tipo de actos, libros, documentales, seminarios, premios, reconocimientos, etc.

2. ¿Tienes adicción a la crisis?

Observe la siguiente figura.

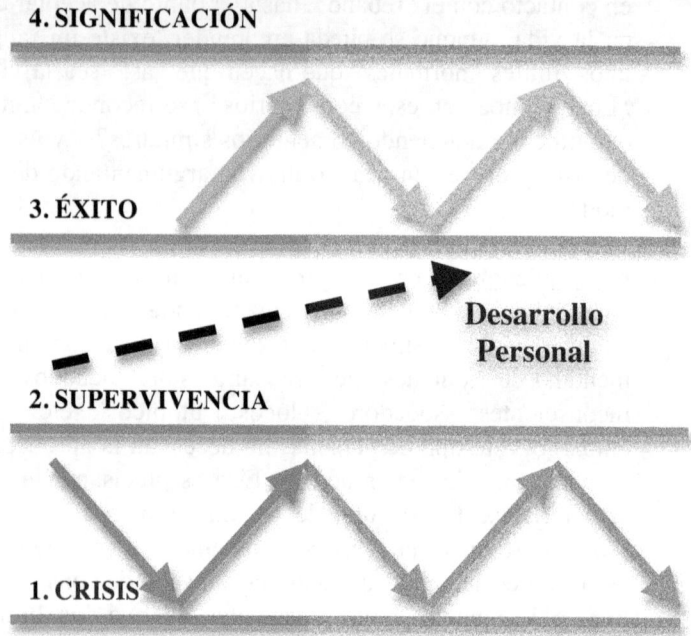

4. SIGNIFICACIÓN

3. ÉXITO

Desarrollo
Personal

2. SUPERVIVENCIA

1. CRISIS

En el esquema podemos diferenciar cuatro niveles de realización, o de resultados, y cuatro niveles de desarrollo e impacto en el que nos movemos, sea cual sea el contexto (profesional, físico, emocional, social, etc.)

El nivel más común, desgraciadamente, es el **nivel 2: la supervivencia**. Este es el nivel en el que la gran mayoría de nosotros vive y cree que así es la vida… *"tirar para adelante…" "es lo que hay…" "así es la vida…"* etc. En este nivel existe lo que todos conocemos como precariedad. Conseguimos lo justo para no caer al nivel inferior, el nivel 1: crisis.

El nivel 1, ó los momentos de crisis, son aquellos estados en los que definitivamente estamos cayendo en una espiral negativa, algo se ha descontrolado demasiado y nos arrastra a situaciones más graves. Lo solemos llamar problemas o imprevistos. Sin embargo, resultan ser asuntos o sucesos más que previsibles. Quiero decir que, si se alimenta mal, fuma, bebe, no descansa, no nutre su mente con pensamientos enriquecedores, está la mayor parte del tiempo cabreado, ha olvidado sonreír, etc.... no es un imprevisto que sufra un infarto, o una depresión, o fibromialgia, o tristeza, o insomnio, o que tenga una crisis de ansiedad, o que de repente un día le diagnostiquen cáncer. No son imprevistos, son previstos. De cualquier modo estos son los momentos de alarma. Suelen ser lo suficientemente incómodos como para hacer reaccionar a la gran mayoría de las personas, con lo que hacen lo que tienen que hacer para volver al "confort" del estado de supervivencia.

En todo momento, la gran mayoría de la población mira con admiración, y a veces envidia y/o recelo, al grupo de personas que habita en el nivel inmediatamente superior, el **nivel 3 ó nivel de éxito**. En este lugar del esquema la gente goza de buenos resultados, fluyen en su desempeño, sufren problemas, claro que los sufren, pero parecen tener recursos de todo tipo para salir de ellos. Tienen preocupaciones, pero gozan del tiempo para dedicarse a solucionarlas. En general tienen éxito.

Evidentemente estas personas también tienen caídas y reveses duros en sus vidas. Lo que ocurre es caen a un nivel en el que, aún así, siguen siendo supervivientes. Además, por lo general, si el éxito que alcanzaron se basa en su desarrollo personal, no tardarán en volver a donde estaban.

¡Ojo! porque también en este grupo habitan impostores o tramposos que si bien gozan de los recursos y aparentemente son personas de éxito, internamente están en las escalas más profundas del esquema. Estos son los típicos casos que despiertan la rabia entre los supervivientes. Son los casos que dan sentido a frases como *"ellos que pueden y sin embargo no lo hacen…"* La realidad de este grupo especial es que sufren, a escondidas, pero sufren.

Finalmente, en algunas ocasiones concretas, un grupo muy reducido de personas roza el siguiente nivel, el **nivel 4: Significación**. En este caso las personas que habitan este lugar del esquema han trascendido el concepto de éxito a través de sus acciones y su empeño en compartir y transferir poder y riqueza a los demás. Son ese tipo de persona que busca ayudar al mayor número de iguales a que asciendan de nivel. Lo hacen a escala familiar, comunitaria, local, nacional e incluso a escala mundial. Llegar a experimentar que lo que eres y haces es significativo para otros es un auténtico placer reservado para unos pocos, y que crea una interesante adicción.

Ninguno de los niveles o estados es un compartimento estanco sino que viajamos a lo largo de ellos continuamente. Lo que sucede es que pertenecemos al nivel en el que más tiempo permanecemos. Con esto quiero dejar claro que una persona en un momento de crisis total, puede llevar a cabo acciones que, puntualmente, resulten ser significativas para otros. De hecho suele ocurrir que a través de acciones propias de niveles superiores, estamos trazando nuestro camino ascendente hacia dichos niveles.

¿Y qué tiene que ver todo esto con el liderazgo? – Nadie sigue a una persona adicta a pasar de la supervivencia a la crisis, de la crisis a la supervivencia en un ciclo infinito. Eso no es atractivo. Las personas así experimentan el abrigo del rebaño. Mucha gente comparte miserias y se regocija en ellas. A veces, por extraño y demente que pueda parecer, la gente compite en el nivel de desgracia y miseria que experimentan… Juegan a un aterrador "pues yo más…" en el que aglutinan todas las experiencias negativas de un día, o de una mañana y las presentan en un trágico, pero al parecer atractivo para el oyente, *continum* de problemas. Sirva de ejemplo imaginar a alguien diciendo algo así: "Pues no sólo se me pinchó la rueda, sino que más tarde cuando quería llamar al seguro el móvil no me funcionaba. Y para remate llego a casa y el teléfono fijo no funciona porque me lo han cortado. Sólo un día de retraso en ir a pagar el recibo pendiente y ya me lo cortan. Serán los tipos estos desconsiderados…"

Desgraciadamente este patrón de adicción a la crisis se extiende en todas las áreas. Todos conocemos a alguna persona que tiende a sufrir desengaños y problemas con sus relaciones sentimentales y que todo su entorno dice cosas como *"siempre busca el mismo tipo de pareja, se fija en las personas más problemáticas"*. Llevan razón y no es que la persona en cuestión, racionalmente y en pleno uso de sus recursos, crea que personas y relaciones tormentosas son lo mejor, sino que es víctima de la resignación y no ve más allá. Está encerrada en ese bucle que le hace repetir patrones que le traen los mismos resultados.

En el plano del liderazgo debemos estar atentos a no estar dentro de uno de estos bucles, y ¡ojo! que la adicción a la crisis tiene formas muy perversas de llegar hasta las personas que parecen menos vulnerables. Pondré une ejemplo muy típico de adicción a la crisis en personas emprendedoras y líderes.

El grupo de población que entiende y acepta "pagar el precio" necesario para conseguir sus metas y objetivos tiende a mostrar una capacidad de trabajo inusual. Suelen superar calamidades, todo tipo de obstáculos, cumplen con plazos de entrega exigentes, y un largo etcétera de sacrificios. Estas personas suelen inspirarse mucho en las famosos historias de superación, ya sea en forma de documental, película basada en hechos reales, o simples historias que escuchan en su entorno. El peligro está en que esa sensación de inspiración ante el fenómeno de superar la adversidad les puede arrastrar, inconscientemente, a complicarse la vida en un absurdo afán de protagonizar una historia de superación. Como si conseguir lo que se proponen evitando problemas, esquivando adversidades, y lográndolo de manera fluida y aparentemente sencilla no tuviera el mismo sabor, el mismo "subidón" que cuando se consigue superando mil calamidades. Hay que andar ojo avizor con este tipo de bucles porque estamos postergando la expresión de nuestro máximo potencial si a lo que nos dedicamos es a ponernos nosotros mismos las zancadillas para así tener obstáculos que superar.

Quiero aclarar que soy un férreo defensor de las historias de superación. No me avergüenza admitir que son parte de mi combustible. Al fin y al cabo son historias reales y en todas ellas hay ingredientes que interesaría duplicar y aplicar a nuestra vida y nuestro desarrollo personal como líderes. Hasta tal punto creo en este tipo de modelos que pienso que en las escuelas deberían ser material de estudio obligatorio. Muchos casos de personas preparadas que abandonan la lucha antes de empezar podrían evitarse si lográsemos inspirarles con alguna historia real.

En definitiva el mensaje clave de este apartado es que vigilemos no caer en la adicción a la crisis, por muy bonita, "humilde" o "noble" que pueda parecer. ¿Se imagina liderar a un grupo de personas para abandonar esa adicción a la crisis y la supervivencia, y que logren pasar a la zona alta del esquema, entrando en el bucle del éxito y la significación?

El desarrollo del liderazgo tiene altas probabilidades de éxito cuando precisamente el líder asciende al nivel 3 (éxito) y comienza a orientar, ayudar, dirigir, gestionar e inspirar al grupo para que haga lo mismo. El líder alcanza el nivel 4 cuanto más gente alcanza el nivel 3. Un hermoso y verdadero "ganar-ganar".

3. Crisis de liderazgo e ideas para superarlo

¿Qué fue primero, el huevo o la gallina? Desconozco si la crisis actual ha provocado la crisis de liderazgo o viceversa. El hecho es que no faltan líderes, sino que los que hay, o están cansados y renqueantes, o simplemente oxidados y obsoletos en si mismos. También quedan atisbos de liderazgo en algunos lugares, no pienso que todo esté perdido. Sin embargo quiero reflexionar sobre lo que entiendo es una crisis de liderazgo.

En el ámbito de mi país, España, la crisis empieza en el concepto mismo de liderazgo y la cantidad de prejuicios que surgen en la mente de la gran mayoría de personas que escuchan algo relacionado con ser líder, liderar, o liderazgo. Tienden a calificar esa idea como afán de protagonismo, o deseos de manipular a un gran grupo de personas, sacan a relucir un estúpido orgullo del tipo *"yo no tengo por qué seguirte..."* que aparece antes incluso que la curiosidad misma por saber o conocer qué le han propuesto que siga... Son tiempos difíciles para conseguir que florezcan las semillas de la unión y el trabajo conjunto.

Si por un instante, un solo instante, cada persona estuviera totalmente abierta, con disposición a que las palabras le llegasen a lo más hondo de su persona, y escuchara a algunos grandes líderes del pasado – sin prejuicios ni comentarios absurdos al respecto, sino simplemente escuchar – quizá se iniciaría un nuevo comienzo. Me refiero a discursos y citas tan potentes como:

"No preguntes qué puede hacer el país por ti. Pregunta qué puedes hacer tú por tu país" J. F. Kennedy - ¿Nos hemos parado a pensar en el alcance de esta frase? Encierra tantos conceptos y tantas ideas sobre los que se quejan pero no hacen nada, y sobre la fuerza de la unión, que desafortunadamente cae en saco roto... Es como una sobredosis de sentido común que supera la capacidad actual de discernimiento.

"He tenido un sueño..." – M. Luther King. Este señor tuvo un sueño en una época en la que no había razones para soñar. Ahora que tenemos al alcance el mayor número de recursos "Low cost", e incluso gratis, de toda la historia... ¿dónde están los sueños? ¿y los soñadores? No nos equivoquemos. Están ahí, lo que sucede es que están alicaídos, resignados, o simplemente pusieron sus sueños en una caja, que cerraron, y a la que pusieron la etiqueta de "esto es para otra persona porque yo no puedo", dejándola bajo la cama, en el olvido.

Una de mis favoritas: *"Se tú mismo el cambio que quieres ver en el mundo"* – M. Gandhi. ¿Qué más se puede decir? Dejemos de lloriquear y empecemos a aplicar en nosotros mismos lo que tanto buscamos en los demás. Esto es material de máximo nivel.

Es curioso reflexionar que los tres ejemplos anteriores, además de otros cientos, coinciden con que sus protagonistas lideraron como nadie lidera hoy en día. Hoy podemos escuchar muchos *"estamos haciendo todo lo posible..."* *"estamos trabajando en ello..."* *"somos conscientes de la situación..."* y un largo etcétera de declaraciones vacías. ¿Qué más puedo decir? Puedo imaginarme a Boris Izaguirre diciendo algo tipo *"¿Dónde quedó el glamour?"* – y lleva toda la razón. Esas declaraciones ni si quiera tienen "gancho" en si mismas. Hoy vemos muchos G-20, muchas cumbres, coaliciones, reuniones... pero falta materialización. ¡Ojo! que no sólo dejo la responsabilidad en manos de la clase política. También hoy vemos muchos *"T B-o n tuenti"* *"as bisto el video de la pelea de anoche? ☺"* *"ola, k tal?"* *"¿para k hacer na' si estos se lo van a llevar to'?"* *"yo, lo que quiero es mi plaza y a vivir la vida"* *"no veas la que está cayendo..."*. Insisto en que no juzgo, sólo describo y no pienso que esté demasiado lejos de la realidad.

También hay un grupo, afortunadamente cada vez mayor, de gente que vibra en otra onda, gente indignada. Sin embargo, es tal la vorágine a la que se enfrentan que algunas de estas personas son como esos cohetes en los espectáculos de fuegos artificiales. Esos que suenan mucho (un silbido ensordecedor) y suben a toda velocidad, pero que luego ni si quiera explotan, sólo se apagan. Tampoco juzgo... yo me veo en esas muchas veces.

En nuestro caso particular, la crisis de liderazgo actual por no tener, no tiene ni si quiera excusas. No podemos decir que no hay líderes porque no hay gente con preparación. Queda muy moderno e ilustrado aducir que hace falta más educación. ¡Claro que hace falta! Pero no más de la misma. Somos una de las generaciones más preparadas de la historia. Hoy se hacen cursos para aprender a cómo buscar cursos. Mi generación entendió que había que estudiar y tener títulos. La parte de aplicación práctica se la saltaron mientras buscaban un curso más, un nuevo título. Sin embargo se nos abandonó cuando nos tocaba recoger después de la siembra. Tanta preparación, tanto título y luego se nos dejó en la cuneta. El diario EL PAÍS publicó un reportaje sobre casos de personas con preparación de alto nivel que, sin embargo, a duras penas salen adelante. Personas ocultando su formación para poder cumplir los requisitos... les llamó "PRE-PARADOS".

Los líderes que surjan hoy serán personas que decidan serlo sin esperar nada a cambio. Serán capaces de NO dejar que la situación actual les carcoma en su razonamiento, no culparán ni buscarán responsables, serán personas abiertas a pasar por fases desagradables para llegar a momentos agradables, entenderán que quizá deban estar en condiciones y en compañía de personas que no serán de su agrado, pero que sólo así llegarán a lugares y personas que sí lo son. Los líderes emergentes tendrán un orgullo especial. En las situaciones que más se indigna la mayoría y saca a relucir su orgullo, estos líderes pasarán desapercibido aceptarán las condiciones y seguirán adelante en su lucha. Sin embargo, en las materias de máxima importancia, las que requieren aplicarse el "cuento" a uno mismo, cuando tengan que demostrar y liderar con el ejemplo, ahí sacarán su orgullo y demostrarán con su actitud y con sus acciones que sí se pueden hacer las cosas de una forma diferente, que sí se pueden obtener resultados extraordinarios.

Es la otra cara de la moneda. La del cambio de consciencia general que experimenta el mundo en los planos social, político, económico y espiritual. Hay revueltas, hay movimientos como el famoso 15 M que han despertado en algunos nostálgicos el espíritu de lucha, han demostrado que hay capital humano con preparación, y que hay descontento. Sin embargo, también se han podido ver algunas características del momento actual en el que la pereza mental, la resignación (hablaremos más delante de ella), y el No querer saber corroen la salud mental de los únicos que pueden romper el cambio de tendencia: nosotros mismos.

Cuando hablo de crisis de liderazgo no estoy diciendo que no hay líderes. Sino que algo ha ocurrido – no soy experto en sociología ni antropología social – pero el liderazgo ha terminado en manos bien de entes y poderes que gozan de dicho liderazgo por el miedo que infligen en la población, como por ejemplo, el famoso liderazgo de los mercados, de la banca, etc. O bien en mano de personas que ni si quiera saben que están liderando. Este grupo es terrorífico. Lo más relacionado con el liderazgo que conocen se relaciona con liderar la audiencia y las portadas de la prensa rosa. Aquí la verdadera crisis está en el rebaño. La crisis de liderazgo llega porque quien tiene ganas de cambiar y de que le sigan hace años que desconectó del grupo al que quiere liderar. Ya no habla su idioma, escucha sólo lo que quiere escuchar, y le sigue moviendo el miedo a perder su posición, su cargo, su estatus, su ingreso. No lo juzgo, pues ni si quiera yo puedo afirmar cómo actuaría en su lugar. Mi foco en este apartado se centra en que las cosas están tan turbias que hemos llegado a un punto en el que todos afirman que es el otro quien debería hacer algo, pero nadie está dispuesto a cambiar nada. Ya lo he dicho anteriormente, los nuevos líderes no esperarán nada a cambio. Se entregarán a su misión, con una visión en la que no hay lugar para el rencor, ni para jugar a quién tiene la culpa.

¿Soluciones? – Estoy seguro de que habrá muchas y todas válidas. Por eso creo que uno de los caminos hacia la reconstrucción de todo pasa por bajar la guardia y dejar de estar en modo defensivo, y por intentar al máximo una escucha abierta y sincera de las propuestas. Es muy fácil escribirlo pero siento que es realmente difícil llevarlo a término. No obstante, creo que hay un camino que puede llevarnos a iniciar cambios importantes.

Creo que el caballo de Troya puede servir como un buen símil. Pienso que a veces, hasta conseguir los resultados que seduzcan al resto del grupo, hay que llegar a esas personas con lo que más les gusta. Si hoy les llama la atención como salir adelante, pagar sus deudas, tener el coche que desean, ir de vacaciones a donde quieran, etc. Perfecto. Si en el grupo de colaboradores que usted quiere liderar lo que impera es un deseo ferviente de tener tiempo libre para no hacer nada, perfecto. Como si lo que consideran como idílico es poder tumbarse a ver 10 horas de telebasura, o jugar a la consola hasta que le sangren los dedos, o emborracharse hasta perder el conocimiento. Perfecto. Presentémosles una propuesta que les permita ver un camino para conseguir sus metas, pero que al andar el camino estén entrando en la "trampa" de desarrollarse como personas, con el resultado final más que probable de que ya no deseen esas metas, sino que su criterio haya madurado hacia algo más humano. Esto, estimados lectores, se llama liderar en el viaje hacia el desarrollo personal, es aplicable a cualquier área, y puede comenzar en cualquier momento.

Lo que quiero decir es que no podemos intentar liderar anteponiendo lo que nosotros consideramos metas nobles. Eso no es atractivo para quien está alienado. También conviene tener en cuenta que no todas las personas alienadas son casos perdidos. Empezando por nosotros mismos, que muy probablemente estamos alienados en mayor o menor medida. Ni mucho menos. Todas las personas (al menos la gran mayoría) tenemos el potencial para marcar la diferencia, el potencial para ser y hacer lo extraordinario. Sólo hay que pasar por algunas fases determinadas.

Por lo tanto, una posible solución pasa por ofrecer propuestas aparentemente alienadas (puesto que ese es el idioma), que las personas entiendan como interesantes para si mismas. Aparentemente estas propuestas inducen a la gente a pensar que si las siguen, lo consiguen. Consiguen lo que quieran conseguir. Aparentemente es un "sálvese quien pueda" que la gente seguirá por el miedo a perder, y por razones de ego. Sin embargo, esta noble "trampa" les llevará a hacer cosas que terminarán por transformarlos y por reducir su alienación.

No sé si tengo el antídoto para la crisis de liderazgo, pero tengo esas sensaciones de euforia e impaciencia del que sabe que algo bueno esta por llegar. Lo vivido hasta ahora y lo aprendido en sectores donde el desarrollo personal es la columna vertebral de la consecución de resultados, me permiten pensar que es posible aplicar esas lecciones, no sólo en esos determinados sectores, sino en la realidad diaria de cualquier contexto en el que trabajemos con personas. Pienso que compartiendo estas ideas colaboro en la obtención de buena madera, esencia de líderes.

4. Cuando nos empeñamos en no conseguir nuestros sueños... estamos minando nuestro liderazgo

El liderazgo pasa, inexorablemente, por la capacidad de soñar, visualizar, y empezar cualquier tarea con el final ya en la mente. Un líder ve la meta antes de iniciar la carrera. Además, un líder es esa persona que ha desarrollado la habilidad (nótese que he dicho *desarrollado la habilidad*, ya que es susceptible de aprenderse) de construir esa visión, ese sueño y transferirlo al resto del grupo, del equipo, de la población en general. Ese es el momento clave, la transferencia de esa visión, de esa certeza, de esa creencia, y la llamada a la acción. A modo de ejemplo podríamos imaginar al líder diciendo algo tipo: *"He visto la tierra prometida, ven conmigo y juntos la conquistaremos"*. Es sencillo, entonces, entender que si queremos liderar deberíamos darnos permiso para soñar. Desafortunadamente esta es la realidad más frecuente:

- Nos da vergüenza soñar libres. Lo hacemos en tono de broma, con las miras muy cercanas y siempre determinado por lo que es "racional", y acorde a lo que nuestra vida actual y todo lo que nos enseñaron dice que se puede soñar... Cuando hablo de sueños hablo de volver a ser libre para desear, ser, tener y hacer lo que queramos en este planeta.

- Todos decimos tener muchas ganas de conseguir nuestros sueños, sin embargo lo dejamos todo en manos de la fortuna. ¿Cuántas veces nos vemos hablando de aspiraciones o deseos con la entradilla *"Ojala..."* o *"Si me tocara la lotería..."*

- Cuando nos ponen delante algo que posibilitaría nuestros sueños, una oportunidad, y que no es cuestión de suerte, sino que tiene un camino trazado, un trabajo que realizar, unas habilidades que desarrollar y nos demuestran que **sí** se puede llegar a donde soñábamos... ¿Qué hacemos? – Negarlo. *"Eso* *no puede ser"* (ponemos en marcha nuestro dispositivo de excusas y razones para negar lo evidente)

- Si tenemos la suerte de no dejarnos llevar por las excusas o el patrón automático aprendido para negar cualquier cosa que se aparte de lo establecido, si tenemos esa suerte y vemos una oportunidad para con nosotros, solemos entrar en una fase muy curiosa:

    • Vemos la posibilidad de encaminarnos hacia nuestros sueños ¡Pero! nos quejamos y compadecemos de nosotros mismos ante la mínima dificultad o el mínimo obstáculo, nos reafirmamos en que deseamos mucho nuestros sueños ¡pero! **no** entendemos que debamos "pagar el precio", desarrollar habilidades, dedicar cierto tiempo.... Es curioso como en nuestro trabajo normal, dentro de la vida normal, que **no** nos conduce a los sueños, sino a la supervivencia, a tirar para delante, obtener algún que otro capricho y resignarnos a la normalidad hasta enterrar los verdaderos sueños, **no** nos quejamos ni la mitad de la mitad. En cambio, cuando ocurren las mismas cosas pero en el camino hacia los sueños, no lo toleramos... Yo digo *¡Venga ya!* Ésto pasa porque seguimos asociando los Sueños a algo ajeno a nuestro control, algo relacionado con la suerte.

    • Por último, en lo más profundo de nuestro ser, dudamos. No dudamos sobre nuestros sueños. Dudamos sobre nuestra capacidad, y esa inseguridad **también** es aprendida. Es la última estrategia del sistema tradicional para evitar que abandonemos las ataduras y tomemos el control de nuestra vida hacia nuestros sueños...

¿Identifica un patrón en todo esto? – Es una serie continua de intentos de autosabotaje, incluso cuando vamos superando algunos, nos ponemos nuevas trampas. Podría parecer que nos empeñamos en **no** conseguir nuestros sueños.

Usted verá lo que elige, teniendo en cuenta en lo que quiera convertirse y a lo que quiere llegar, porque a estas alturas debería saber que usted elige la vida y los resultados que obtiene en todos los planos (y sí, también somos responsables de las desgracias que hayan llegado a nuestra vida alguna vez… quizá su responsabilidad fue haber tenido demasiado miedo a que llegaran).

En el tema que nos ocupa, sobra decir que el desarrollo del liderazgo pasa por estas etapas, con la peculiaridad de que hay algo que nos impulsa a atravesarlas sin permanecer en ellas, intentando dar ese paso más adelante en el que todo cambia y el empeño se orienta a la consecución de las metas y los sueños. En apartados posteriores analizaremos algunos elementos indispensables que deben existir para que se produzca ese cambio. Sin lugar a dudas deben existir razones poderosas, motivaciones profundas por las que querer avanzar.

5. En un contexto global el eclecticismo es una solución

Hay muchas escuelas o estilos dentro de las artes marciales, hay muchas escuelas filosóficas, hay muchas formas de liderar, muchos estudios sobre la conducta humana, muchas técnicas de entrenamiento físico y mental, hay muchos *coaches*, muchas terapias psicológicas distintas que buscan tratar el mismo mal... En definitiva, hay mucho de todo.

Uno de los beneficios del concepto de globalidad es que podemos dejar entrar en nuestra mente y en nuestra vida innumerables influencias de todo tipo. Sin embargo, por razones diversas, tendemos a limitar nuestras miras a un grupo más o menos similar y, sobre ellas, construimos nuestra versión particular. No digo que esta aproximación sea incorrecta, sino que invito a ampliar las miras y hacer que nuestra creación sea verdaderamente ecléctica.

El eclecticismo, en pocas palabras, es escoger aquello que nos parece lo mejor o lo más útil, y utilizarlo para crear nuestra versión. En ningún momento es sinónimo de copiar, ni de carecer de criterio propio. Al contrario, es una postura que requiere estudio de las diversas influencias o fuentes de conocimiento, y en si mismo representa un criterio, el criterio ecléctico.

En el campo del liderazgo, cuando uno quiere hacerse escuchar y que le sigan, resultaría torpe no estar abiertos a distintas formas de lograrlo sólo porque no se ajustan a un estilo concreto, o a una escuela determinada.

La buena esencia de líder en su origen se debió a que tuvo a su disposición gran diversidad de nutrientes... El líder del siglo XXI es un líder ecléctico.

Si una persona se muestra permeable a todo aquello que pueda ser susceptible de añadirse al repertorio de habilidades y capacidades de liderazgo, llegado el momento, liderará de una manera más natural y personalizada. Es decir, cada persona que le siga sentirá que conecta personalmente. Esto puede deberse a que, en un momento dado, usted utilizó una forma de aproximarse a su equipo, o una forma de presentar una idea, que conectó. Si eso lo aprendió en el MBA, o lo escuchó en la radio a un contertulio, o si lo vio en un documental, eso no importa ahora. Lo que marca la diferencia es que usted conecta.

En esta obra están puestos a trabajar conceptos e ideas provenientes de diversos campos como la nutrición, el desarrollo personal, la venta, la programación neurolingüística (PNL) y el mercado en redes, además de algún aporte de la sabiduría oriental, e incluso el cine.

En un símil que me parece muy acertado Marta Miravelles, en su capítulo "La integración", dentro de la obra "El Club del Liderazgo" dice que el buen líder aplica toda la paleta de colores disponibles. No se limita a unos pocos nada más… Ella incluso lanza su propuesta – que me permito resumir aquí – sobre los distintos colores y las áreas del liderazgo correspondientes:

Mandar: color rojo
Gestionar: color naranja
Cohesionar: color amarillo
Aceptar: color verde
Orientar: color azul
Entrenar: color añil
Representar: color violeta

Desde mi punto de vista añadiría dos ideas más:

Luchar: color negro. Cuando llega la hora de defender la empresa, el equipo, o la idea, de los ataques externos (siempre en un lenguaje figurado, no se trata de crear un club de lucha y pelearse con la competencia en el parking del supermercado a medio camino entre ambas oficinas)

Compartir: color blanco. El líder al que siguen de forma natural, de un modo u otro, comparte el éxito, comparte la riqueza, el reconocimiento, los premios, etc.

Para terminar con la idea del eclecticismo en el liderazgo, reflexionemos sobre una de las fuentes que pueden inspirarle y ayudarle como líder a que la misión en la que están inmersos usted y su equipo tenga visos de lograrse. Esta fuente puede y debe ser el resto de miembros del equipo. Es ridículo pensar que el líder esté en posesión de todas las respuestas, todas las ideas, estrategias, etc. Como líder una de las mejores cosas que puede hacer para mejorar es preguntar a los demás cómo creen que podría solucionarse tal o cual problema, cómo creen que deberían aproximarse a tal o cual mercado, o qué creen que debiera hacerse respecto a un asunto determinado. Si trabaja en este aspecto con esmero y método, obtendrá propuestas eclécticas que podrán, o no, materializarse, pero que todas enriquecerán el resultado final.

Concluyo con una pregunta y una respuesta que resumen todo lo relacionado con el liderazgo ecléctico:

¿Por qué limitarte cuando puedes expandirte?
Utiliza múltiples fuentes de aprendizaje e inspiración
para un liderazgo único

(Dr. F. Carreño Gálvez)

6. Sobre el liderazgo en general

¿Qué es el liderazgo? – Vaya a Google y teclee el término para obtener miles de definiciones, ideas y explicaciones. Escoja la que más se aproxime a su criterio. No hay una única definición de liderazgo, así que traigo algunas que vibran en la misma frecuencia que la intención y el pensamiento que subyacen en este libro.

Empecemos por lo más técnico. Es decir, lo que el diccionario de la Real Academia Española (RAE) dice acerca este concepto:

Liderazgo / Liderato: Situación de superioridad en que se halla una empresa, un producto o un sector económico, dentro de su ámbito.

El elemento 'superioridad' no termina de encajar en el concepto que buscamos, por lo que merece la pena introducir matices. Entiendo esa definición si hablamos de una carrera, un ranking, o una clasificación competitiva. Pero me da la impresión que usted tampoco se ha sentido demasiado atraído por la idea en el contexto de las personas. Probemos ahora con el sujeto:

Líder: Persona a la que un grupo sigue, reconociéndola como jefe u orientadora.

Aquí el líder aparece como una persona a la que un grupo sigue, lo que implica que lo hacen de muto propio y no porque les hayan encasquetado a un nuevo jefe. También habla de que ese grupo acepta al líder como jefe o persona orientadora. Dejemos a un lado lo del jefe y ponderemos la figura del líder como alguien que orienta. Sin lugar a dudas, orientar es una función del líder. Aún así probemos ahora con el verbo:

Liderar: Dirigir o estar a la cabeza de un grupo, de un partido político, de una competición, etc.

Al menos aquí habla de dirigir y de grupo. No implica ser superior a nada ni a nadie, sino de dar algunas directrices a un grupo. Puede resultar gracioso que, según esta definición, si usted tiene el puesto de Director en un grupo, automáticamente ese grupo le sigue y usted es su líder. Perdone que discrepe o que al menos matice un poco esa situación. No le siguen, sino que acatan sus órdenes por el rango que usted ocupa. Usted, en este ejemplo, no es líder, sino que le han colocado en el puesto y tiene unas funciones entre las que están dirigir al grupo. Parecen lo mismo pero no lo son. De todas formas es cierto que un líder dirige y eso no tiene nada de malo, ni implica que el líder se sienta superior a nada ni a nadie. Simplemente es una de las muchas funciones o actividades de un líder.

A continuación vamos a definir dos dimensiones del liderazgo de la mano de personas, líderes, con una gran trayectoria en este campo.

La primera es aquella que dice que el liderazgo es un proceso de influencia. Más tarde matiza su definición y habla de la capacidad de influir sobre otros mediante el desencadenamiento del poder y el potencial de las personas y las organizaciones para la obtención de un bien mayor. Esta definición aparece en una de las obras de referencia sobre liderazgo: *"Liderazgo de máximo nivel"* (Leading at a Higher Level, título original en inglés) de Ken Blanchard y colaboradores.

Esto suena mejor. Al menos para nosotros, que estamos intentando desgranar algunos aspectos clave del liderazgo, la esencia de líder y de cómo liderar. Aquí, por lo pronto introduce una variable importante, y es que **liderar es una capacidad**. Esto implica que se puede aprender y mejorar. Además, habla de desencadenar el poder y el potencial de las personas y organizaciones. Este aspecto concuerda con otra de las definiciones que he decidido traer a colación:

"Liderar es la capacidad de influir en otras personas provocando que hagan cosas que, por si mismas no se veían capaces de hacer". Esta definición viene de manos de dos de mis mentores, Randy Gage y Eric Worre – figuras de renombre mundial en el sector del mercado en redes y el desarrollo personal – a quienes he tenido la suerte de escuchar en numerosos seminarios internacionales.

De nuevo podemos percibir como liderar pasa por el denominado *empowerment* a otras personas, y ésta es sin duda otra función del líder.

El líder lleva a cabo todas estas funciones a través de sus actos, de su gestión, de su orientación, de su dirección, de su capacidad de cohesionar, de inspirar, de proteger y luchar. En fin, es un tema definitivamente apasionante pues ensalza lo mejor del ser humano en unión con otros seres humanos.

Hay otro aspecto del liderazgo que quiero destacar aquí y es que la persona que se convierte en líder es más fuerte y más atractiva como líder cuando entre sus diferentes herramientas utiliza su propio ejemplo. Eso, liderar con el ejemplo o, lo que es lo mismo, ser coherente, tiene un valor incalculable en el desarrollo del liderazgo y el desarrollo personal, en general. Recordemos de nuevo el pensamiento de Gandhi: *"se tú mismo el cambio que quieres ver en el mundo"* No es más que una llamada a la coherencia y a liderar con el ejemplo.

7. Sobre la excelencia humana

Es conveniente aclarar por qué hablar de excelencia humana en un libro de liderazgo – Muy sencillo, porque los seres humanos tendemos a sentirnos atraídos por personas excelentes, e inspirarnos con quienes demuestran excelencia en su respectivo campo profesional. Si usted trabaja por y para la excelencia, no tenga la menor duda de que alguien querrá ir con usted a donde vaya, y hacer lo que usted haga. La esencia de líder es una madera excelente.

No pretendo en este apartado ofrecer una receta para ser excelente, sino reflexionar sobre la idea de apuntar alto, intentar ser y practicar la excelencia. Pienso en este concepto como una actitud de búsqueda, más que una definición estática.

> *"Sé todo en cada cosa. Pon cuanto eres en lo mínimo que hagas"*

> (Fernando Pessoa, 1888-1935)

La excelencia humana es preguntarse: ya que quiero hacer tal o cual cosa… ¿por qué no hacerlo al máximo? Si usted quiere liderar, intente hacerlo al máximo nivel. La cuestión sería saber si lo conseguimos o no. Sin embargo, soy de los que piensa que una práctica consciente y focalizada en intentar el máximo termina, al cabo del tiempo, por manifestarse en forma de excelencia. En este sentido, Malcolm Gladwell, en su obra "Outliers" ("Fueras de Serie") habla de este asunto refiriéndose a la denominada teoría de las 10.000 horas.

En resumen, esta teoría hace referencia a una serie de estudios retrospectivos llevados a cabo en distintas áreas, desde la música clásica, hasta el deporte de élite, pasando por el ámbito empresarial y de los negocios, e incluso el arte. Se observó que aquellas figuras consideradas excelentes en sus respectivos campos, por una u otra razón, había acumulado, al menos, 10.000 horas de práctica. Hace mucho énfasis en que dicha práctica es consciente, y con total intención de mejorar y lograr el máximo nivel. Si le dedica tiempo a analizarlo, se dará cuenta de que es tremendamente cierto. Por supuesto que no es el único factor que determina lograr la excelencia. Pero es importante y, sobre todo, susceptible de control y mejora.

Creo que estará de acuerdo conmigo en que, para nuestro desarrollo personal y para ser líderes, hay que prepararse. Todo el mundo coincide en que un buen líder es una persona cultivada, una persona conectada, y bien informada. También suele decirse de un líder que "le da al coco". Sin embargo, un líder excelente va más allá. La excelencia en el liderazgo, desde mi óptica, guarda relación con el Ideal Renacentista, que profesa la maestría en las artes, las letras, las ciencias, pero también en lo relacionado con el cuerpo y las habilidades en la lucha.

La excelencia, a la que hago referencia en este libro, es de tipo universal. Excelencia en todos los planos, incluido el plano físico. Nunca me gustó ver a médicos que tratan de ayudar a personas que sufren obesidad, cáncer, diabetes o fibromialgia, por citar algunos ejemplos, y que, simultáneamente, ellos mismos fuman, tienen sobrepeso, o su alimentación no es la correcta. No pongo en duda su preparación, simplemente indico que no me parece que sean casos de excelencia. ¿Se imagina un entrenador personal gordo? ¿lo contrataría? ¿y a un contable con un MBA y un doctorado en Harvard pero que está en la quiebra y no ha conseguido lanzar ninguno de los negocios que emprendió?

¿Qué ocurre cuando se descubre que una figura de excelencia en el ámbito deportivo, por ejemplo, es protagonista de actos y comportamientos totalmente opuestos a la excelencia? – Pues que, sin dejar de pertenecer al grupo de los mejores en su ámbito, sí que decepciona y abandona el pedestal de la excelencia. No hay nada de malo en ello, cada cual tiene el derecho de hacer en su vida y con su vida lo que quiera (dentro de los límites éticos y morales). Sin embargo, tampoco podemos negar que la excelencia luce mucho más, y comporta beneficios y niveles de realización bastante más elevados.

Un líder que busque la excelencia, liderará de una manera más completa. Tendrá menos puntos débiles, atraerá de un modo más natural, e inspirará a los demás para que también apunten alto.

Puede parecer que es indiferente pero no lo es. Imagine alguien con un tremendo poder de liderazgo en el ámbito económico, social o político. La gente que le siga afirmará que lo hace por quién es, y por lo que representa en su ámbito. Sin embargo, no podemos obviar que el subconsciente en el ser humano ejerce una tremenda influencia sobre la parte consciente. Así, si ese líder presenta una imagen enfermiza o poco cuidada, muestra un físico agotado, ligero sobre peso, o sencillamente denota falta de energía o problemas de gestión del estrés, no es que vaya a perder el liderazgo por ello, pero NO da una imagen excelente. No posee "algo" especial, ese halo que impregna el ambiente allá donde vaya, y que no deja indiferente a nadie. Será un gran líder, pero podría ser un líder excelente. Lo más triste es que no lo es por pequeños detalles que marcan diferencias enormes. Habrá quien diga *"qué más da"* o que se pregunte *"por qué complicarse la vida intentando alcanzar cotas de excelencia si, al fin y al cabo, seguirá liderando en el ámbito que le ocupa"* – La mejor respuesta a estas cuestiones es otra pregunta: ¿y por qué no?

Detrás de la excelencia se esconden una serie de valores añadidos muy importantes, como la autoestima, la confianza, la seguridad en uno mismo, la autorrealización, la salud, el nivel de energía, o la satisfacción de la "obra bien hecha". Entiendo que son tesoros con el potencial de afianzar al líder en su posición, y servirle de ayuda en los momentos más difíciles.

Si aún no le he convencido del poder de la excelencia en relación al liderazgo, dedique un instante a reflexionar sobre las siguientes cuestiones:

- ¿Será mejor o peor para el líder que cuando hable, lo haga con un vocabulario amplio y preciso?

- ¿Cree que influye en su liderazgo la capacidad de construir relaciones humanas transparentes, en las que la otra persona se sienta escuchada e inspirada en la interacción con el líder?

- ¿Cree que exhibir un estado de salud óptimo, con energía y vitalidad durante todas las horas del día, influyen en su liderazgo?

- Imagine que invitan al líder de algún grupo a visitar determinado lugar, y entre su equipaje éste lleva ropa y equipamiento deportivo, y hace hueco en su agenda para continuar con su programa de ejercicio físico. ¿Cree que eso afecta a su liderazgo, o es simplemente una cuestión personal?

Como ya he dicho anteriormente, puede que estos elementos no lleguen a ser tan decisivos hasta el punto de determinar que una persona lidere o deje de hacerlo (eso dependerá del ámbito, por supuesto). Pero no hay ninguna duda de que influyen.

Por mi formación y mi trabajo como consultor de estilos de vida saludables, he llegado a comprender que, por exagerado que le parezca, su rendimiento mental como líder, su percepción de los problemas, su estado de ánimo y su visión optimista, "realista" o pesimista de cada situación, están estrechamente relacionados, entre otros factores, con su situación bioquímica y fisiológica, que a su vez está absolutamente determinada por lo que come (y lo que no come también), así como por el ejercicio físico que practica.

Lo dicho en el párrafo anterior no descansa en el campo de las opiniones o las creencias, sino que es absolutamente cierto e irrefutable.

En el último bloque del libro cubriré algunos aspectos básicos al respecto, ofreciendo información sobre nutrición celular para la salud en general y el rendimiento mental.

8. Volver a empezar no es retroceder: *borrón y cuenta nueva* como punto de partida

Usted sabrá que existen momentos en los que hay que "resetear" y seguir adelante como si hubiésemos empezado de nuevo... *Borrón y cuenta nueva*. Ese suele ser el punto de partida de un nuevo curso, el re-lanzamiento de un proyecto, un programa de ejercicio después de años entregados a la vida sedentaria, un artículo que nos encarga, o una carta que escribimos para alguien especial... También podemos hacer borrón y cuenta nueva cuando nos aproximamos a un grupo y le presentamos nuestra visión y el camino a trazar, invitándoles a hacer borrón y cuenta nueva y unirse a nosotros. El líder sabe el poder que tiene hacer esto, y puede servirle para inspirar a su equipo y ponerle en estado de "frescura". No es fácil, pero el poder que tiene hace que merezca la pena intentarlo.

Quiero compartir algunas ideas respecto a la satisfacción que se siente cuando, desde lo más profundo de uno mismo/a, empezar de nuevo.

En las relaciones personales, en el ámbito profesional, en los negocios, en el deporte, en el arte, en la alimentación, etc.... existe un momento mágico de alivio cuando, después de una etapa en la que no nos hayamos, sentimos incoherencia, falta de acierto, estancamiento, aburrimiento, o cualquier sensación de esta índole, tenemos el coraje de trazar una línea imaginaria que nos dice en nuestra mente "¡Basta!". Ese momento que así, de repente, porque usted lo ha querido, es capaz de romper el tiempo en un 'antes' y un 'después', proporciona energía y motivación a raudales. Conmigo tiene efectos terapéuticos, y en mi caso suelo comprar un cuaderno nuevo.

¡Ojo! No estoy animando a nadie a dejar inconclusos todos los proyectos que empiece en un afán de vivir un eterno comienzo. Cuando digo "Borrón y Cuenta Nueva" me refiero a empezar algo nuevo, pero también a hacer un "alto en el camino" dentro del proyecto que le está agobiando, o dar un giro a la tarea que se estaba "atravesando", cambiar de trabajo, manifestar un cambio hacia la mejor versión de usted mismo/a, borrar esas creencias limitantes de su mente que le retienen a la hora de conseguir todo el éxito que puede alcanzar, aportar de manera distinta en esa relación estancada, matricularse en ese curso que le interesa desde hace años, imprimir esos cambios en su estilo de vida que sabe le sentarán bien, o a levantarse borrando sus errores o falta de criterio del pasado para perdonarse de una forma sincera.

Lo mejor de esta práctica es que nadie le supervisa cuando lo hace, pudiendo repetirla tantas veces y en tantas áreas como quiera.

En aquellos casos que el grupo, o el equipo, va un poco a la deriva… es el momento de trazar la línea y decir *¡basta!*

BLOQUE II: Liderazgo Ecléctico... aprenda y nútrase de todo y más.

> **9. Sobre el éxito y el desarrollo personal. Cuando invertir el orden de los factores SÍ cambia el resultado**

"Si proteges tu visión, tus sueños, metas y objetivos, y si tienes la determinación necesaria, entonces el éxito será una consecuencia natural, y no una cuestión accidental de suerte ajena a tu control" (Dr. F. Carreño Gálvez)

Analice con sentido común el siguiente supuesto:

Imagine que desea lograr un nivel de resultados en su vida profesional, que se traduzca en ingresos que le permitan manifestar y llevar a término aquello que, si bien se encuentra en la esfera de lo personal, lo solidario, lo espiritual y lo emocional, no puede conseguirlo al 100% porque en algún momento del proceso necesita recursos que descansan en la disponibilidad de ingresos económicos por encima de los que recibe actualmente. Imagine bien esta situación, este deseo. Ahora examine las siguientes formas de conseguirlo:

- El sistema tradicional le dirá que aprenda una profesión y que produzca, produzca y produzca... de modo que, con suerte, acumule esos recursos. Por un momento aceptemos que pueda ser posible alcanzar ese deseo gracias a esta estrategia.
- La mentalidad más mediocre y perezosa exclamará: *"Pues como no sea que te toque la lotería..."* u *"¡Ojalá me tocase la lotería!"* Permitámonos imaginar que así fuera, que jugásemos y nos tocara la lotería, de modo que alcanzásemos este deseo gracias a la lotería.

Ahora quiero que imagine que, después de disfrutar durante un pequeño periodo de tiempo (1 ó 2 años) de sus nuevos resultados económicos (fruto de cualquiera de las opciones anteriores), en los que éstos se han traducido en todos esos logros personales, solidarios, espirituales, emocionales… **lo pierde todo**. Sin más, se encuentra con que no puede continuar con todo eso que hay más allá del dinero pero que, siendo honestos, también requiere un "colchón" económico – ¡Ojo! no me valen argumentos del tipo "me conformo con poco". Si usted quiere ser solidario/a hablamos de serlo a lo grande, con grandes proyectos, participaciones globales en proyectos de gran envergadura, poder viajar continuamente y vivir ese estilo de vida solidario al máximo (no sólo ayudar un poquito al grupo más desfavorecido de tu entorno local). Estamos hablando de que ha perdido los recursos económicos que sustentaban una vida ejemplar y plena en los ámbitos más importantes citados anteriormente. Imagine bien esa desgracia y respóndete a las siguientes preguntas:

¿Cómo recuperaría de nuevo esos recursos?

– Lo más probable es que no le toque la lotería dos veces seguidas, y lo más probable es que no haya años suficientes en una vida como para optar por la opción que propone el sistema tradicional de producir, producir para ir ahorrando hasta conseguirlo…

Me permito ofrecerle una reflexión sobre un fenómeno que no es imaginado, sino real y observable en el día a día…

Lo que **no** nos enseña el sistema tradicional, y por supuesto lo que no pasa por la mente perezosa y mediocre del que espera que todo caiga del cielo en forma de lotería, es un camino que permite conseguir sus deseos, tanto los económicos como los que realmente importan, que son los que usted manifiesta según el uso y repartición de ese dinero. Ese camino se llama Desarrollo Personal.

Si en lugar de limitarse a producir y producir por valor de X cantidad de dinero, decide trabajar duramente y de forma constante y exigente sobre sí mismo/a, como persona, hasta convertirse en alguien más valioso/a, que no sólo produce por valor de tal o cual cantidad, sino que realmente se convierte en una persona que aporta valor a los otros, a su círculo cercano, a su comunidad, a sus iguales, a la humanidad y al planeta... Si en lugar de pensar en producir, se centra en SER más valioso/a... cuando el éxito se manifieste como una consecuencia natural, éste aparecerá una y tantas veces como sea necesario. Es decir, si lo pierde todo por accidente, dado que es una persona valiosa en sí misma, será cuestión de muy poco tiempo que consiga lo mismo porque NO será cuestión de "empezar desde cero", sino que en lo que usted empleó su máximo esfuerzo es algo que no pueden quitarle o que no puede perder (como las cosas materiales, o el dinero *per se*...). Es algo que va consigo para siempre.

En ese hipotético caso en que pierde todo y tiene que empezar otra vez, lo consigue de manera fácil y natural, pues usted no deja de ser una persona así de valiosa... porque decidió trabajar más duro en sí mismo/a como persona, que en producir para otros, o que en esperar que se lo regalaran o le cayera del cielo.

¿Qué piensa sobre ésto? ¿En qué está más centrado desde hace años en producir mejores resultados o en SER mejor en general como persona de modo que los resultados sean una manifestación natural?

Un líder que trabaja en su desarrollo personal está "condenado" a tener éxito, pues no habrá derrota capaz de minar quién es y en lo que se ha convertido. Su desarrollo personal es imposible de arrebatar.

Una vez que usted inicie su andadura como líder, debe saber que será un viaje sólo de ida (hablaremos más en detalle de este concepto en capítulos posteriores). Incluso si le abandonara el grupo, usted seguiría siendo un líder, en su peor momento por supuesto, pero un líder. Esto se debe a que aún conservaría el "duende" o el espíritu de líder dentro de si mismo. Será cuestión de ponerlo a funcionar de nuevo y resurgirá, no dude que resurgirá.

Esta idea de trabajar más duro en uno mismo que en el empleo que tengamos en un momento dado está en consonancia con multitud de autores que consideran el éxito de un modo especial:

"El éxito no es algo que persigues, sino algo que atraes por la persona en quien te conviertes o llegas a ser"

(Jim Rohn)

10. Sin sueños, metas u objetivos no hay nada más que resignación.

Lo que sucedió en el pasado, incluso si en lugar de ser un hecho aislado fue una tendencia, ya ocurrió y sólo podemos aceptarlo. Este es un punto determinante en el desarrollo personal, y por supuesto en el desarrollo del liderazgo. Lo que ocurriera en el pesado NO puede minar nuestro futuro. De hecho, el futuro es incierto y por ello está lleno de oportunidades. Cuando una persona NO entiende este aspecto del futuro, y se muestra reacia a creer que las cosas pueden cambiar, eso se llama resignación.

El líder tiene una tarea doble respecto a la resignación. Por una parte tiene que mantenerla totalmente alejada, puesto que de lo contrario deterioraría su liderazgo, en tanto dejaría de tener visión. Por otra parte, tiene que lidiar con la resignación en aquellas personas que, en un momento dado, pierden la perspectiva y se quedan ancladas en hechos pasados que les hacen creer que nada cambiará.

Si somos inteligentes utilizaremos el pasado como una escuela de la que aprender, pero no como un club en el que quedarse afiliado.

La visión es un ingrediente fundamental tanto en la empresa, como en la vida misma (la empresa más importante). Usted debe tener muy clara cuál es la visión que pretende comunicar y no olvidarse de ella ni un solo instante en su interacción con los demás miembros de su grupo, e incluso con gente ajena a su trabajo que quieran saber cuál es la visión de su empresa.

Aunque pueda parecer ajeno al tema del liderazgo, es importante tener metas u objetivos en distintas áreas. No es suficiente tener metas específicas relacionadas con su proyecto, o metas únicamente económicas (por mucho que aparentemente puedan motivar).

Sea cual que sea la visión y la misión de la empresa, o del equipo, como líder será responsable de conectar con el grupo y "contagiarles" dicha visión.

Sin lugar a dudas, aquí se pone en juego una de las lecciones que mejor están representadas en el sector del mercado en redes. Esto es, entender que se trata de SUS necesidades, no de las nuestras. De lo que se trata es de conectar con sus metas, con sus aspiraciones, sus necesidades, y no contaminar el ambiente con las nuestras o con nuestros problemas. El mercado en redes nos enseña que el éxito está en ayudar a los demás a conseguirlo, en satisfacer sus necesidades y ayudarles a conseguir sus objetivos, más que en centrarnos en nosotros mismos.

Volviendo a la visión que usted pretende transmitir a los demás, empiece por conectar sus necesidades, la posibilidad de solucionar sus problemas, sus sueños y sus aspiraciones, con la misión del proyecto o la empresa que le ocupa.

Si usted consigue establecer ese nexo, y las personas ven y sienten que el proyecto del que usted habla, la idea, la misión que usted representa como líder, están relacionadas con la consecución de sus metas y sus sueños, entonces estarán dispuestas a seguirle, a dar su máximo, a desarrollar las habilidades que haga falta desarrollar, asistir a las reuniones, leer los libros, y trabajar extra. Pero no olvide que la visión y la promesa de futuro deben estar muy claras para esas personas.

Cuando una persona tiene razones (motivos) suficientemente potentes y sabe bien **qué** quiere y **por qué** está luchando, no le quepa la menor duda de que encontrará el *'cómo'* hacerlo*.

No es el objetivo de este libro ahondar en todo el establecimiento de metas y objetivos, ya que existen manuales extraordinarios y expertos de renombre que le ayudarían de manera impresionante.

* Evidentemente dentro de los límites de la ética y la integridad humanas.

Algunas recomendaciones o claves en el establecimiento de metas:

- Decida qué quiere en las distintas áreas de la vida (qué trabajo quiere tener, qué nivel de salud, qué viajes quiere hacer, qué tipo de profesional quiere ser, qué tipo de padre, hermano, hijo, o pareja quiere usted ser, qué ingreso quiere tener, qué impacto quiere provocar en su entorno, qué casa (si es que quiere una casa) quiere tener, qué libros quiere leer, qué quiere aprender, qué quiere cambiar...)

- Deben estar por escrito

- Deben tener plazo de cumplimiento.

- Sea realista, pero no tenga miedo. Trataremos el asunto del realismo, el pesimismo y el optimismo más adelante.

- Clasifíquelas por áreas (por ejemplo: metas de salud, metas económicas, metas laborales, metas espirituales, metas sociales, metas familiares, metas políticas, metas materiales, metas filantrópicas…)

- De todas seleccione sólo unas pocas cada vez, y en orden de preferencia

- Detalle al máximo la meta a conseguir (cuanto mayor lujo de detalles, mucho mejor) y explique por qué cada una de esas metas son importantes para usted, qué supondría conseguirlas y cómo se sentiría cuando las lograse.

- Cuando tenga los pasos anteriores claros y realmente le hagan vibrar con la sola idea de conseguir dichas metas, es hora de identificar los objetivos intermedios que deberá cumplir para alcanzar la meta final. Esto se puede hacer de una manera fácil y sencilla preguntándose: "¿Qué me impide conseguir tal o cual meta?" – Dada la tremenda facilidad que tenemos los seres humanos de ponernos excusas y justificarnos, sus respuestas a esta pregunta serán, en si mismas, los objetivos intermedios que sobre los que deberá ir trabajando para alcanzar la meta. De este modo llegará a un punto en el que podrá identificar qué tareas específicas tendrá que hacer para saber que está en el camino hacia sus metas.

Para finalizar quiero destacar que lo relacionado con las metas, los objetivos y lo que, a fin de cuentas, es la motivación, es algo muy personal. Cómo líderes podremos crear una visión, una meta. Pero debemos ser capaces de conectarla con las metas y las motivaciones de cada persona del grupo. Si no, no hay nada que hacer. Entienda la diferencia entre despertar la auto-motivación en cada persona, y lo que sería intentar motivar (dotar de motivos) a cada persona. Usted NO motiva, es su equipo, cada miembro quien se auto-motiva. Usted despierta esa auto-motivación, usted conecta esa auto-motivación con la meta y la visión hacia la que lidera.

11. Realismo, Pesimismo y Optimismo

Empezamos por lo más básico: todas las personas poseen los tres ingredientes. Las diferencia, como se puede deducir, estará en el predominio de uno sobre los otros dos. También es importante decir que las circunstancias (el entorno) afectan de modo que, en algunas ocasiones, el mayor peso se lo lleva uno de los ingredientes aún no siendo el más característico de la persona.

La intención en este apartado es presentar un escenario que le sonará familiar, pudiendo identificar claramente cada uno de los personajes.

El punto de partida será el establecimiento de metas. A continuación presento a los personajes:

Pesimista: esta persona se reconoce fácilmente, pues suelen decir cosas como que todo tiende a seguir igual o empeorar. Se mueve en esa onda. Sus predicciones son mayoritariamente negativas. Si no se es pesimista, está bien escucharles (lo justo y necesario) porque pueden alentarnos de riesgos que ni nos habíamos dado cuenta que existían. Sin embargo, hay que limitar o blindarse contra el asedio continuo de negatividad que desprenden porque es contagioso.

Realista: esta es la posición preferida por todas las personas. Toda persona quiere verse reflejada en la posición realista. Es más, casi todo el mundo, como argumento de poder suele argüir que es realista, como si ello implicara que sus propuestas son más serias, o más maduras… La persona realista se pone las metas en un lugar muy alcanzable. ¡Claro! Puesto que son metas realistas.

En mi opinión, y sobre todo si hablamos de líderes, ésta es la postura más ambigua que podemos adoptar. En el fondo de una persona realista hay ego y miedo. El ego está presente en la forma de NO querer fallar, lo que nos lleva al miedo ante el juicio de los demás sobre sus resultados. Sus metas son fácilmente alcanzables porque de ese modo no fallarán. Suelen maquillarlo todo con un "¿lo ves? Yo soy realista y me pongo metas realistas". No obstante también podríamos decir "te pones metas alcanzables – que tú llamas realistas – porque tienes miedo de asumir riesgos y miedo a fallar, ya que no soportarías la crítica".

Para terminar de describir las características principales de este grupo reproduzco, textualmente, un fragmento de la obra "Ontología del Lenguaje" en la que el autor, Rafael Echeverría, habla de la resignación (nosotros ya la nombramos en el apartado anterior) y hace mención a cómo las personas resignadas suelen esconder dicho estado de ánimo… Lea el fragmento y pregúntese si le suena familiar algo de lo que ahí lee, respecto a este peculiar grupo de personas que se hacen llamar "realistas".

> […] Observamos que alguien está en el estado de ánimo de la resignación cuando **tal persona se comporta, en un determinado dominio, como si algo no pudiera cambiar**, mientras que nosotros consideramos lo contrario. Reconocemos el estado de ánimo de la resignación cuando podemos producir una conversación subyacente que cuestionaría la opinión de que algo no puede ser cambiado, esto es, cuando juzgamos que lo que alguien estima como inmutable puede cambiar. Lo que caracteriza a una persona, en el estado de ánimo de la resignación, es el hecho de que ella, a diferencia de otras, no ve el futuro como un espacio de intervención que le permite, a partir de las acciones que ella misma emprenda, transformar el presente.

Sin embargo, generalmente la persona resignada no observa su estado de ánimo de resignación como tal. **Para esa persona la resignación aparece como realismo** fundado. […]

A menudo admitimos que estamos resignados en algún dominio de nuestras vidas. Podemos observar nuestra propia resignación. Cuando esto sucede, de nuevo surge una tensión entre juicios de posibilidad y juicios de facticidad. Por una parte, reconocemos que las cosas podrían ser diferentes. Pero, por otra, estamos poseídos por el juicio de que las cosas no van a cambiar, hagamos lo que hagamos. Esto, a menudo, conduce a admitir que teóricamente las cosas podrían cambiar. Al mismo tiempo, no nos queda claro cómo ejecutar el cambio. **A un nivel muy concreto, no sabemos qué hacer y, por lo tanto, no hacemos nada. Esta es una manifestación muy común y generalizada de resignación.**

(De: Rafael Echeverria "Ontología del Lenguaje")

Optimista: no lo voy a ocultar, me posiciono a favor de esta última categoría, máxime si hablamos de liderazgo y máxime en el contexto socioeconómico en el que estamos envueltos. Por esta y otras razones llamaré a estas personas **visionarias**, y así las desmarco de quienes las señalan como inconscientes, locas, *flipadas*, etc. Ya hablamos un poco acerca de ellos en la introducción, cuando presentábamos dos clases de emprendedores: los alienados y los emprendedores libres. De esta última clase tratamos aquí al hablar de visionarios.

La persona visionaria u optimista pone metas muy elevadas, metas realmente desafiantes. Sobra decir que son objeto de todo tipo de comentarios negativos por parte de los otros dos colectivos (pesimistas y realistas). Sus metas son auténticos retos y de una dificultad notoria. Tanto es así que, en la mayoría de los casos, NO consiguen sus metas al 100%, sino que se quedan en algún lugar entre el 40, el 50, 60 ú 80%.

Se presenta ahora una situación especial cuando el visionario NO ha cumplido al 100% su meta. Los otros dos grupos se unen con fuerza y exclaman: *"¡Te lo dije!" "¿Lo ves?, ¿Ves cómo aquella meta era una locura?"* – Es realmente triste, sobre todo porque no hace justicia a la realidad, tanto que el realista defiende ese concepto. Digo que no es justo porque pesimistas y realistas señalan y ponderan el porcentaje que NO ha logrado cumplir el visionario. Se regocijan en sus argumentos sobre ese porcentaje que no llegó a satisfacer. Pero olvidan lo que sí logró el visionario, gracias a tener una meta suficientemente desafiante y difícil como para hacerle trabajar y sacrificarse por encima del promedio. No temió fallar, se movió por el deseo de triunfar y cumplir su meta, más que por el miedo a perder.

Lo triste de toda esta historia no es que la persona visionaria y optimista sólo alcanza el 80% de lo que se propuso. Es muy probable que replantee la estrategia, haga "borrón y cuenta nueva" para seguir en la conquista de metas.

Lo más triste es que el efecto "sumidero", a modo de agujero negro, que ejercen los pesimistas y los realistas sobre el visionario, ponderando y señalando todo lo que no ha conseguido, tiene el potencial de arrancarle un terrorífico: *"Quizá sea verdad y lleveis razón, soy un poco inconsciente, estoy algo loco cuando planteo estas metas…"* – iniciando así un escalofriante camino de resignación hacia la postura realista, o lo que puede ser peor aún, hacia la conversión total en una persona pesimista, en definitiva una persona frustrada.

No sé en qué categoría se ubica usted, lo que sí se es que para liderar hay que tener visión, ser una persona visionaria. El liderazgo implica las miradas evaluadoras y enjuiciadoras de muchas personas. Ser líder pasa por asumir riesgos y plantear metas desafiantes. Sólo así logrará algo más que lo que consiguen los realistas. Si no hay quien apunte alto, nos quedamos donde estamos, y el estancamiento nunca ha sido bien visto. Ni si quiera huele bien cuando huele a estancado. Necesitamos dinamismo, actividad, vibrar en una onda de desarrollo y progreso, y esto sólo se consigue con personas visionarias, con líderes.

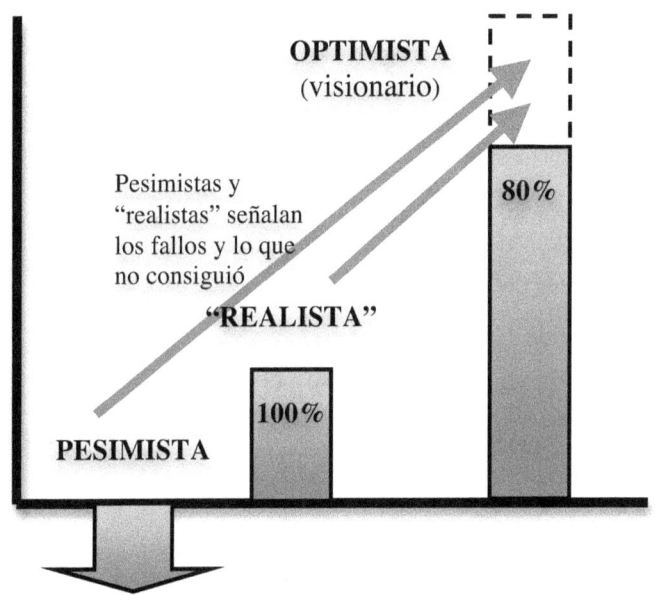

12. Siempre hay quien encuentra alguna

"Culpabilizar es la antesala de los fracasos"

(Art Jonak)

"Nuestras dudas son traidoras,
y por ellas perdemos el bien
que con frecuencia pudimos ganar,
por el miedo a intentarlo."

(William Shakespeare)

Da igual el ámbito, da igual el asunto, la decisión, la actuación...
Siempre encontramos excusas.

Una excusa no es más que un argumento "racional" para justificar el rechazo a lo nuevo, el cambio, la variedad, la libertad, la posibilidad de que haya otras posibilidades... Una excusa no es más que un intento de mantener intacto el *"Statu Quo"*.

¿Te has parado a analizar la velocidad de computación mental con la que presentamos no ya una, sino varias excusas en cuestión de segundos? – Da igual el asunto o la complejidad del mismo. Cuando se trata de no pensar, ponemos el piloto automático y... ¡allá van! todas las excusas del mundo, perfectamente articuladas.

Nos han enseñado bien. Estamos programados acorde a lo que se supone que es la vida en general, el trabajo, el éxito, la salud, las capacidades humanas, las relaciones, las realidades sociales, los conceptos básicos de casi cualquier cosa. Y si llega el caso y nos enfrentamos a algo para lo que no estamos programados previamente, nos han enseñado a rechazarlo de manera automática. Por lo tanto, nada perturbará dicho *"Statu Quo"*. Así son las cosas, así serán y NO pueden cambiar... Volvemos a toparnos con argumentos "realistas" (resignados)

Lo más curioso es que, como llevamos toda la vida practicando y como nos rodeamos de otros profesionales excusadores... ¿Quién se atreve a poner en tela de juicio lo establecido? – Una minoría. Nótese que los líderes son minoría.

El proceso de excusa es tan sofisticado que, en estos momentos, si yo le dijera: *"Si quisiera, sólo si usted quisiera, podría conseguir un nivel de capacidad física que jamás ha tenido en toda su vida y con la que jamás ha soñado"* – Usted diría que no. En el remoto caso de que contestara 'Sí', seguramente la siguiente palabra que saldría de su boca sería "pero...". De este modo respondería que tal y cual... y me daría muchas excusas (súper lógicas, que conste, el cerebro no es tonto porque si nos pone una excusa débil no nos moviliza en el sentido que le interesa).

Sigamos con el ejemplo e imagine ahora que yo le razono que lo que usted dice es una excusa. Además los argumentos que le doy son lógicos, con fundamentación científica y a usted le parecen razonables. Veríamos cómo su cerebro es capaz de aceptar una parte de mi argumento ¡Pero! respondería: *"Sí, ya lo sé y es verdad... Pero tal y cual..."* Es así de simple... La primera parte de su nueva respuesta persigue la conciliación con mi punto de vista para así demostrarme que usted también piensas... Sin embargo, no es más que "humo", ya que habrá otra razón definitiva para negar la posibilidad (ahí es cuando vuelve el "pero...")

Las excusas más evidentes empiezan con algo así: *"Es que..."*, *"Ya, pero..."*, *"Si no fuera porque..."*

Lo que más me impresiona de las excusas es que:

- **No** aportan solución a nada.
- **No** mejoran la situación.
- **No** reportan sensación agradable. A lo sumo, mantienen todo como estaba.
- **Hay muchas**.

Sinceramente este apartado del libro no es más que una confirmación que me ayude a entender un poco más la naturaleza humana de muchos que me rodean, y de mi mismo ante algunas situaciones. ¿Qué nos retiene a seguir la intuición? – Déjame que lo adivine: *"Es que en esta vida no se puede ir por ahí sólo con la intuición porque te las dan todas…"* *"Si eso está muy bonito, yo no digo que no* [no, tú no dices que no, eso es un "espejismo"...] *pero no está la cosa como para vivir en un mundo de fantasía… yo tengo que pagar mis facturas, levantarme a currar para darle de comer a mi familia…"* [¡qué persona más realista! Perdón, quise decir resignada. ¡Patrañas! eso no es más que una frase aprendida, una actitud aprendida, y una forma de pensar aprendida...].

Otro ejemplo. Le pregunto *"¿Por qué no puede hacer algo que le catapulte en su vida para conseguir resultados de ensueño?"* – Aquí, en este ejemplo, tenemos una palabra típica que desconecta el cerebro y nos pone en piloto automático para responder con excusas… la palabra mágica es "ensueño". No me equivoco demasiado si pienso que las respuestas típicas (a lo mejor las suyas también) son de tipo: *"Paco, tú estás flipado… mi sueño es pagar la hipoteca, y yo ya no estoy para esos trotes… NO puedo arriesgarme. ¿Qué hago para catapultar mi vida, como tú dices?, comprar un cupón de lotería ¿no?. No hay nada que hacer, esas cosas sólo salen en las películas"*

Nota del autor: en ningún momento invito a tomar riesgos desmedidos, ni califico negativamente a aquellas personas que no pueden asumir riesgos y deciden no hacer nada. Únicamente me valgo de un ejemplo muy clarificador para entender el proceso mental de las excusas. En el ejemplo la persona que responde ni si quiera se para a pensar, o se interesa por saber qué o cómo puede conseguir esos resultados. Asume que lo que le propondrán es imposible o está fuera de su alcance.

Para terminar quiero reflexionar sobre el lado más oscuro de las excusas. Esto se da cuando las excusas, en lugar de a nosotros mismos – que, aunque sea lamentable y ridículo, por lo menos somos nosotros los perjudicados – las encontramos para disuadir a otras personas sobre algo. Me niego a creer que la razón primaria de disuadir a otra persona con excusas sea "por su propio bien para evitarle problemas". Más bien veo un lado subconsciente muy perverso en una persona que encuentra excusas para otra. Ésto es propio de alguien que ha fracasado, de una persona vaga y perezosa, limitada y envidiosa que, ante el más mínimo atisbo de cambio en su entorno, pone toda su maquinaria excusadora a trabajar al cien por cien. Además, si una de estas personas observa que alguien próximo **no** atiende a las excusas y, por el contrario, emprende el proyecto o la acción determinada con buenos resultados… ¿adivine qué hará? – Pondrá otra excusa para explicar lo sucedido. *"Ha tenido suerte" "Es que estaba enchufado…" "En sus circunstancias cualquiera lo consigue…"*

Si quiere desarrollarse como líder busque cuanto antes aquellas preguntas que le llevan a responder automáticamente con frase de tipo "es que…" "pero…" y otras similares.

No sé si es cierto lo que me contaron acerca del fundador del grupo Pascual. Sea o no cierto es auténticamente revelador, además de curioso.

Cuentan que en una entrevista a tan exitoso empresario le preguntaron cuál era su secreto, a lo que respondió que, entre varios, uno de sus secretos fue NO rodearse de esquerosos. El periodista le corrigió diciéndole: "querrá usted decir asquerosos, ¿no?" – El fundador del grupo Pascual insistió y dijo: *"No, no me he equivocado… He querido decir esquerosos… éstos que siempre están es que esto, es que lo otro, es que…, es que…"*

Deje de buscar razones y analizar factores. No existen tantos factores ni tantas razones. Haga lo que usted sabe que tiene que hacer para obtener los resultados que quiere obtener. Si quiere relaciones humanas más sanas y divertidas… No analice tanto, practique relaciones de ese tipo, sin excusas. Si quiere más libertad de tiempo, busque lo que le permita conseguirlo y, cuando lo encuentre, hágalo sin preguntar, sin justificaciones… Si quiere más ingreso, busque algo que se lo permita y hágalo… Si quiere todo lo mencionado a la vez y liderar a un gran número de personas para que lo consigan también, pues piense e identifique qué cambios, qué cosas puede hacer, en qué tipo de persona debe convertirse para conseguir todo eso combinado. Para mi una de las oportunidades es, sin lugar a dudas, el Network Marketing, para usted a lo mejor es dejar de trabajar en 3 sitios distintos y focalizarte en 1, o quizá sea emprender ese negocio que tanto desea, o mudarse a la ciudad que quería… yo qué se. Pero… ¡hágalo!

13. Pues yo tengo un amigo que sí lo ha conseguido. Modela lo que deseas y evita lo que no.

"Tengo un amigo que..." Esa parece ser la frase que nos hace desconectar nuestra capacidad de pensar y decidir libremente según nuestro propio criterio.

Aprendimos mucho en la escuela y el instituto. Aquellos que fuimos a la universidad seguimos almacenando información, sobre todo teórica, sobre la especialidad a la que nos dedicamos. Muchos protocolos para hacer tal o cual cosa. Nos enseñaron qué hacer, qué decir. Nos entregaron el manual sobre cómo decir o hacer lo que nos enseñaron. Sin embargo, no recuerdo haber recibido tan insistentemente clases sobre cómo pensar libremente. Tarea obligatoria del líder. Eso parece no ser interesante desde un punto de visto macro-social.

Uno de los resultados de atrofiar nuestra capacidad personal de decidir es que NO podemos liderar. Además, ante cualquier situación, nos encontramos (o al menos así actuamos) "desnudos" sin criterio propio o, peor aún, con criterio pero con una desesperada necesidad de aprobación externa que, a ser posible, coincida con la mayoría – *"Me da igual, pero que no me vayan a tachar de raro, loco, o cosas así..."*

Algo he aprendido del mundo de la ciencia: Intentar que cada cosa que digas o hagas esté basada en referencias, y justificar por qué. Referenciar algo es informar sobre la fuente donde obtuviste esa información. Éste es el núcleo fundamental que ha motivado la redacción de este artículo.

¿Cuáles son sus fuentes de información?

Enumeremos algunas de las más comunes. Son todo un espectáculo de conformismo (buscar que nos den lo que necesitamos para no pensar más), o de cómo eludimos todo tipo de responsabilidad y criterio personal (buscamos la opinión del "rebaño" más grande posible para diluirnos y evitar diferenciarnos):

- *"Yo he leído que..."* Esta respuesta tiene mucho potencial, siempre y cuando no vaya seguido de cualquier revista o fuente informativa de estas que hasta el que lo escribe sabe que no tiene ni pies ni cabeza... Las pregunta que debemos plantear ante este tipo de justificación serían ¿Dónde lo has leído? ¿Quién lo ha escrito? ¿Cuándo se escribió? Es especialmente importante en asuntos científicos, ya que en asuntos de tipo filosófico o de pensamiento la libertad permite una mayor flexibilidad.

- *"Oye... ¡Pues ha salido en la TV!"* Ésta es de lo más frecuente. Yo todavía me veo, de vez en cuando justificando algunas cosas con el "aval televisivo", como si de una conexión directa con Dios o cualquier fuerza omnisapiente y conocedor de todas las verdades se tratara, cuando realmente es "Don Audiómetro" el que manda. Por lo tanto, no es una locura sospechar de las justificaciones que se sustenten una decisión basada en la TV. No obstante, como en el caso anterior, también existen excepciones. Hay grandes fuentes de material audiovisual con una precisión, transparencia y profundidad importantes. Por lo tanto, preguntemos ¿En qué programa? ¿Quién lo dijo? ¿Cuándo se dijo?

- *"Lo he visto en Internet"* Ésta, queridos lectores, no hace falta ni explicarla… las fuentes en Internet deben analizarse con suma cautela. Es más, aún no existe ninguna razón de peso para defender mi blog, ni ningún blog, como fuente fidedigna de nada, a menos que lo que allí se diga tenga referencias, como artículos científicos publicados en revistas de impacto internacional, datos medibles, comprobables, documentos oficiales, etc.…

Hasta ahora hemos visto los tipos de fuentes de información más comunes y que, en cierto modo, si tenemos buen ojo pueden ser realmente útiles y potentes. Sin embargo, a continuación analizamos una muy especial que representa un arma de doble filo. Puede ser muy positiva, o muy negativa.

- *"Tengo un amigo que…"* Ésta es la joya de la corona. Casi siempre que alguien quiere justificar su decisión, normalmente en sentido negativo, recurre al comodín del "amigo". Es curioso que siempre tenemos amigos que han sufrido las consecuencias negativas de lo que nosotros estamos evaluando emprender. ¡Qué mala suerte tienen nuestros amigos! y ¡qué retrasados vamos nosotros, que siempre vivimos estas situaciones después que todos los amigos y los amigos de los amigos! Siempre hay un amigo al que timaron, le robaron, se le estropeó el aparato que usted quiere comprar, tuvo una experiencia horrible en el lugar que quiere visitar, enfermó en el restaurante al que quiere ir a comer, se le rompió la prenda de ropa que se dispone a comprar, sufrió una infidelidad en una situación similar a la suya, o le defraudó la película que usted quería ver…

Un amigo, a mi modesto entender y entre muchas otras cosas, debería ser alguien que potencie lo mejor de usted mismo y que le **ayude** a decidir. **Ayudar** no tiene por qué ser **contaminar** con su experiencia negativa. No digo que no comparta esa información – no sería un amigo si no lo hiciera – sino que lo haga desde un lugar que le anime a explorar la posibilidad de que él o ella haya podido tener mala suerte, pudiendo existir una posibilidad de que lo que decida (aún sabiendo lo que tuvo lugar con su amigo/a) tenga un resultado positivo para usted.

Termino compartiendo una herramienta muy actual. Cuando estamos en fases creativas y positivas a nivel profesional somos capaces de escuchar, de pensar y tomar una decisión por nosotros mismos. En muchas ocasiones, sobre todo cuando el asunto en cuestión es novedoso, o controvertido, muchas de las fuentes que he mencionado nos dirán que no iniciemos el proyecto que estábamos meditando. Cuando fluimos como líder, cuando nos encontramos en un buen momento profesional, sabemos escuchar a todas las fuentes sin olvidarnos una de las más importantes: la intuición. Recuerdo haber tomado muy buenas decisiones cuando escuché lo que me decía el corazón. Tomé acción y más tarde algunas de esas personas que no apoyaban mi decisión, decidieron seguirme. Es curioso, porque ellos también tenían amigos, revistas y programas de televisión que les decían que no. ¿Ve el patrón?

Mi recomendación es que busquemos personas que sí han conseguido lo que nos proponemos o al menos algo cercano. Así podremos decir: *"Pues yo tengo un amigo que SÍ lo ha conseguido…"*

La idea anterior nos lleva al concepto de modelar. NO me refiero a caminar por la pasarela, sino a identificar modelos y aprender sus claves de éxito. Ya sea consciente o inconscientemente, todas las personas modelan a su entorno. Por lo que es altamente recomendable hacerlo de modo consciente y seleccionando modelos que, en caso de que modelemos correctamente, supongan una influencia enriquecedora y positiva, lejos de ser una lacra o hacernos involucionar.

El enfoque que da Tony Robbins a la idea de modelar la excelencia es francamente interesante. En su libro "Poder sin límites" él habla de convertirnos en detectives o investigadores. Se trata de ser el tipo de las preguntas interminables, aprender de los éxitos de otros. Esa son claves del aprendizaje.

Hay una forma de entender el modelaje que es sencilla y de sentido común. Muy probablemente haya escuchado ya esta historia, pues forma parte de la sabiduría popular (es curioso cómo aún así no se utiliza tanto). Allá vamos con el ejemplo:

Si usted quiere pilotar un avión ¿a quién le pide consejo?, o ¿a quién modelaría usted?, ¿a un piloto experimentado que, de hecho ha pilotado con éxito, a una persona que jamás ha pilotado y sólo ha leído al respecto, o a una persona que intentó pilotar pero le expulsaron de la academia por temeraria y por estrellarse pudiendo haberlo evitado?. Si quiere lanzar un proyecto empresarial. ¿A quién modelaría? A alguien que ha lanzado proyectos empresariales con éxito, a alguien que sólo ha estudiado sobre cómo lanzar proyectos, o a alguien que haya fracasado siempre que lo intentó? Para terminar, un ejemplo de un sector sobre el que hablaremos en el siguiente bloque y que suele generar mucha controversia. Si se plantea iniciar su propia aventura en la industria del mercado en redes, de quién toma los consejos y a quién modela, ¿a todas esas personas que tienen "un amigo" que fracasó, o que fue víctima de un timo, o que lo intentó y abandonó sin resultados, o a alguien que conozca la industria y, a ser posible, que haya logrado los resultados que usted buscaría conseguir? El sentido común nos permite contestar todas estas preguntas de manera lógica y acertada. Sin embargo, seguimos siendo víctimas de las historias de fracasos o derrotas, en lugar de modelar el éxito.

Como líderes deberíamos inspirarnos y dejarnos influir por modelos de éxito que estén en consonancia con el tipo de resultados que buscamos. También como líderes deberíamos ser capaces de mover al grupo hacia modelos que provoquen su crecimiento, su evolución y el logro de sus metas... Hay un momento mágico en el proceso de liderazgo y es cuando confluyen el hecho de que el líder, entre muchas otras razones, lidera porque es un modelo atractivo para el grupo. Es decir, le siguen porque quieren modelarlo. Eso es una historia de éxito esperando desarrollarse.

Conviértase en la mejor versión de usted mismo, trabaje en su poder de atracción y no dude de que lo conseguirá. Atraerá a la gente. Para ello empiece por lo más sencillo: busque modelos que le inspiran a usted y que han alcanzado resultados que le resultan atractivos. Yo, como millones de personas en el planeta, durante mi etapa adolescente modelé todo lo que pude a Michael Jordan – me vestía como Jordan, veía los vídeos de Jordan e intentaba imitar su juego – y eso guió mi trayectoria deportiva. ¿Conseguí ser como Jordan? NO, pero llegué a algo más que si hubiera imitado a cualquier perdedor, mal jugador, tramposo, etc. Eso es irrefutable.

Brandler y Grinder, padres de la PNL (programación neurolingüística) hablan de 3 elementos claves a la hora de modelar, que Tony explica muy bien en su libro y que me permito traer a colación:

1. Sistema de creencias
2. Sintaxis mental
3. Fisiología

El sistema de creencias suele generar reticencias a la hora de comprenderlo y, por supuesto, de modelarlo. Lo que nadie puede negar, puesto que es evidente, es que las personas con mejores resultados y niveles de desempeño y éxito elevados, suelen coincidir con una forma de juzgar lo que es posible y lo que no. Normalmente creyeron posible lo que se propusieron y, si les preguntásemos si creen posible o no que nosotros alcanzásemos resultados parecidos, la mayoría nos diría "por supuesto" – ese es su sistema de creencias. Este concepto también se extiende a creencias sobre otros aspectos de la excelencia. Aprenda y modele qué filosofía de vida tienen las personas de éxito y posiblemente verá que tienen un concepto del éxito, de la disciplina, de la importancia de la preparación, de la importancia de la persistencia, etc.... que resuenan con sus resultados, y que bien podrían servirle a usted para acercarse a dichos niveles.

La sintaxis mental, o la estrategia que siguen las personas que pretendemos modelar es otro elemento importante. En este caso nos referimos a la "receta". Podemos conocer las creencias, o los ingredientes que hay que poner en uso. Sin embargo, la estrategia de cómo utilizarlos y servirse de ellos es lo que denominamos sintaxis. Le recomiendo la lectura de "Poder sin límites" (este tema se aborda en el capítulo 7) para ahondar mucho más en este aspecto.

Finalmente, uno de los aspectos fundamentales para un buen modelaje del éxito es **la fisiología**. Ya se ha dicho algo en el apartado sobre la excelencia. Aquí están incluidos aspectos de la comunicación no verbal (postura, tono, mirada, gestos, etc.) y aspectos incluso tan internos como conseguir un nivel de salud mental óptimo, o maximizar su aspecto físico gracias a una piel radiante. Es vital comprender que la relación entre la mente y el cuerpo es de tipo bidireccional. Es decir, su estado mental influye en su estado fisiológico, pero también al contrario. En este sentido podemos aplicar aquello de "aparéntelo hasta que lo consiga", y es que si se comporta como si hubiera conseguido los resultados esperados, su cerebro – tal y como nos enseña Eduardo Puniste – no distingue entre ficción y realidad, una vez dispara los mecanismos de la euforia – aunque inicialmente los provoque a posta – usted estará enviando señales bioquímicas y fisiológicas de éxito y buenos resultados... Esto afecta positivamente hasta el más escéptico, puesto que se ponen en funcionamiento circuitos fisiológicos ajenos al control consciente.

Si usted está en pleno ejercicio de su liderazgo, aproximándose a su grupo o al equipo en un intento de llamada a la acción, no puede aparecer con una postura o una fisiología de decaimiento, derrota, o cansancio, pues su estado mental no será óptimo. Alguien le seguirá por otras razones, pero sus resultados no serán los mejores. Sin embargo, si cambia su fisiología, cambiará con ella su estado mental, aumentando así las probabilidades de obtener mejores resultados. En conclusión, es importante para el líder entender la naturaleza bidireccional de la relación entre la mente y el cuerpo.

14. Los virus

Quiero resaltar estos tres virus que pueden, y de hecho lo hacen, atacarnos en cualquier descuido. Da igual si estamos hablando de liderazgo, de sobrevivir como empleado en su situación actual, mercado en redes o incluso en el ámbito deportivo, académico y artístico. Son 3 virus fácilmente reconocibles pero muy dañinos.

Virus Nº 1. El virus de querer culpar a todos y a todo. No voy a extenderme en esta idea pues es fácilmente entendible. Este virus, cuando nos ataca, empezamos a buscar responsables en todas las personas e incluso en hechos, objetos, fenómenos meteorológicos, la cultura, la historia, la moda, la crisis, y un largo etcétera que se hace infinito para evitar llegar al siguiente responsable o culpable que seríamos nosotros mismos.

Virus Nº 2. El virus de querer los resultados sin "pagar el precio". Este virus es cuanto menos gracioso si nos lo imaginamos en un ejemplo mundano. Piense en una persona que empieza a trabajar en una empresa y, tras un par de meses, se persona en la oficina del máximo jefe pidiéndole un ascenso. Imagine que le dice: *"Con todos mis respetos le pido que me ascienda. Si lo hace y me sube de rango en la compañía prometo que doblaré mis resultados, encontraré nuevos mercados a los que llegar, negociaré nuevos contratos, traeré subvenciones, beneficios y muchos éxitos a la empresa"*. Puedo imaginarme a la persona en el puesto de jefe respondiendo algo tipo: *"Me parece muy bien lo que dice pero haga primero todo eso que dice que haría, obtenga esos resultados, demuestre todo eso, y entonces no dude que le ascenderemos"*. Creo no hace falta entrar en mayores análisis para comprender que hay que pagar el precio antes, y que ese precio puede ser muy alto cuando hablamos de liderar a un gran grupo de personas para conseguir metas elevadas, difíciles y que desafían a la mayoría.

Virus Nº 3. El virus de la "lotería". Esperar y aferrarse al azar. Este virus provoca que en lugar de vivir nuestra vida, o nuestra carrera profesional de un modo coherente con nosotros mismos, terminemos por vivir al socaire de la vida de otras personas que pensarán, decidirán y obrarán por nosotros sin consultarnos. Si no es usted como líder quien se formula preguntas para consigo mismo, estará usted viviendo las respuestas de otro. No estoy diciendo que la suerte no forme parte del "juego", sino que nuestra actitud no puede limitarse a una espera indefinida hasta que el azar nos lleve por delante. Un famoso autor y pensador chino, licenciado en arte dramático por la universidad de Washington, en San Francisco, y que destacó por su filosofía, decía que el *"el éxito no es cuestión de suerte; eres tú quien tiene que crear esa suerte. Debes estar atento a las oportunidades que te rodean y aprovecharlas"* (el autor en cuestión es Bruce Lee, pero preferí que leyera su cita antes que su nombre para evitar posibles distracciones frutos de prejuicios sobre la posibilidad de que un artista marcial también fuera un eminente pensador). Para terminar de tratar el asunto del azar, traigo a colación una idea del famoso publicista y autor de éxito Joaquín Lorente (obras como "Piensa, es gratis" y "Tu Puedes") que dice que *"Para tener suerte hay que estar constantemente atento y vigilante respecto al azar."*

Sea cual sea su contexto actual, evite al máximo el ataque de cualquiera de estos virus. Sus resultados y su nivel de desempeño serán mucho mayores si los aleja.

15. El liderazgo es un estado mental

El liderazgo llena libros, cursos, seminarios y carreras profesionales enteras... No puedo pretender encontrar esa última verdad absoluta sobre esta cualidad, simplemente siento la necesidad de reflexionar sobre uno de los aspectos que, en mi opinión, reside en el comienzo de todo líder.

Después de compartir con algunos líderes y autoridades del ámbito del desarrollo personal distintos momentos, charlas y conversaciones, uno se da cuenta de que el liderazgo innato es una falacia, es mentira... Nadie lidera a nadie en la cuna el día que ve la luz después de 9 meses en el vientre materno.

El liderazgo es algo que se propicia, surge, se potencia, entrena, aplica, perfecciona, moderniza, se pierde (aparentemente), se recupera, se vive, se siente, se acepta o se rechaza, se disfruta o se sufre... Pero, como todos los procesos relacionados con el rendimiento humano, empieza y requiere un estado mental.

El estado mental es el responsable de que focalices tus esfuerzos y tu energía hacia una meta. Por lo que no es casualidad que un líder presente un estado mental caracterizado por la entereza, la visión, la ensoñación, el optimismo, la identificación de necesidades y la búsqueda creativa **no**-limitada de soluciones, la perseverancia, la fe, la **no**-necesidad de aprobación ni tampoco adulación, entusiasmo, etc.

El estado mental de liderazgo no llega de repente. Uno no se levanta por la mañana y tiene a un grupo de seguidores inspirados y motivados esperando ahí fuera. Debemos ensayar a ser, mentalmente, líderes. Usted lidérese, lidere a su entorno más cercano, y deje a la naturaleza que siga su curso… Pero ¡ojo! no se puede permitir perder ese estado mental. Por si no lo sabe, va a tener miles de oportunidades diarias para distraerse y encontrar de nuevo tu sitio entre el rebaño…

Le invito a analizar qué está pasando por su mente ahora mismo. ¿Está contemplando el liderazgo como "cosa de otros"? ¿Crees que usted tiene "asuntos" que liderar? ¿Se siente propenso a convertirse en líder? ¿Le gustaría conseguir lo que implica el liderazgo? - Estas son preguntas que evitamos... Actuamos como si no fuera con nosotros... Pero esa relación de pareja, ese grupo de amigos, esas limitaciones psicoemocionales que tenemos y no queremos afrontar, ese trabajo, esa empresa, esas metas a las que no llegamos porque *"no tenemos tiempo"*, porque *"total, ¿para qué?"* necesitan un nuevo estado mental: el estado mental de liderazgo. Precisamente necesita liderarse a si mismo (sus pensamientos, sus creencias, sus acciones) para estar en consonancia con sus deseos más profundos (no los entierre o de por perdidos). Entonces, necesitaremos que transmita esas conquistas personales y nos lidere en nuestras batallas particulares, siempre con una recompensa colectiva que nos completará espiritualmente...]

Ya lo he comentado en apartados anteriores, una de las definiciones sencillas que me ha gustado siempre, respecto al liderazgo, es la que dice que "el liderazgo es inspirar a otras personas de modo que lleven a cabo acciones que, de otro modo, no se atreverían ni si quiera a intentarlo" - ¿No cree que eso debe pasar primero por apartarse del grupo, probara a dar algunos pasos que nadie ha intentado dar, y exponerse a la crítica, la burla, y el error? – La respuesta es sí. Pero merece la pena.

El estado mental que siembra la semilla del líder que llevamos dentro es aquel que no entiende el pesimismo, que parece patológicamente positivo, que no se distrae, que mueve energías hacia las metas establecidas sin distracción, que "molesta" a su entorno porque *"no se baja del burro"*, sin embargo tiene "algo" que mueve o esboza sonrisas de ilusión entre la gente que le rodea, que cuestiona el "statu quo", no se conforma y arranca el sentimiento de rebeldía entre aquellos que se conformaban...

Una de las principales características del estado mental del líder al principio es la capacidad de tener una imagen definida, una visión clara del desenlace y es capaz de transmitir la visión entre aquellos que estaban cegados por su propio pesimismo, la rutina, lo que nos han "enseñado", etc.

Antes de abandonar la idea de desarrollarse como líder porque piense que no alcanza el nivel de excelencia en algunas habilidades personales y sociales... Antes de abandonar piense que todo (el desarrollo de esas habilidades, las conexiones emocionales con las que podrá construir y disfrutar las mejores relaciones humanas que jamás haya imaginado, la capacidad física para aguantar el ritmo, la salud necesaria para tener una vida plena, los resultados que le permitan vivir la libertad financiera), **todo** empieza con algo que está bajo su control: su estado mental.

Como líder una de las tareas más difíciles con las que nos enfrentamos es la de inspirar y crear el estado mental idóneo en el grupo. No confundamos esto con manipular la mente de las personas porque la diferencia es abismal. He utilizado la palabra inspirar, y podríamos también decir influir, o fomentar.

Recuerdo ahora una obra maestra en materia de comunicación y creación de relaciones, titulada "Cómo ganar amigos e influir sobre las personas" (Dale Carnegie). Mucha gente se distrae pensando que influir sobre las personas suena maquiavélico (quizás sean estas personas las que posean pensamientos maquiavélicos y creen que todos los demás lo somos). Sin embargo, influir en una persona puede resultar en que ésta abandone una adicción, o en que emprenda una acción concreta, etc. En definitiva, influir es también tarea del líder.

16. El líder ecléctico sigue preguntándose por qué no

Ahora le invito a reflexionar sobre una idea que las personas emprendedoras exudan inconscientemente. Todo empieza en un par de citas del mismo autor: George Bernard Shaw

"El hombre razonable se adapta al mundo; el irrazonable intenta adaptar el mundo a sí mismo. Así pues, el progreso depende del hombre irrazonable"

Supongo que muchas personas tienden a argumentar que cambiar el mundo es casi imposible... He aquí la respuesta ante semejantes argumentos, carente de vidas, energía y esperanza.

"Algunos ven lo que existe y se preguntan por qué; otros sueñan lo que no existe y se preguntan, ¿por qué no?"

Creo que no hace falta dar demasiadas explicaciones para entender que un líder es líder porque vive a través de estas dos ideas.

El líder será una persona tachada de irrazonable algunas veces, de loca que sueña lo imposible, que habla de cosas imposibles y que actúa hacia metas imposibles... Sigamos trabajando duro en este sentido porque, sigamos preguntándonos por qué no, que sólo así progresaremos.

Esta visión es universal e inseparable de toda persona que lidera, sea cual sea el campo específico en que lo haga. Aquellos líderes que, además de vivir bajo estos axiomas y tenerlos vivos dentro de si, consigan transferir aunque sólo fuese un mínimo porcentaje de esta filosofía, aumentarán su liderazgo de manera automática. Esto se llama inspirar , construir esperanza y creencia de que es posible (el cambio, la mejora, el proyecto, el estilo de vida, la recuperación de la salud, la relación, el viaje, etc.)

17. No somos profetas en nuestra tierra... o sí, dependerá de nuestro diálogo interno

"Nadie es profeta en su tierra – ¿y qué hago yo si me siento de aquí y de allí, de dentro y de fuera, si siento que en lo más profundo de mi soy un habitante de la tierra? ¿Debo abandonar la idea de que alguien practicará una escucha abierta y relajada? ¿Debo admitir que por tener una visión ligeramente distinta acerca de los mismos fenómenos, estoy equivocado? Simple y llanamente: NO. Este bien podría ser el discurrir mental del líder. Pero no deja de ser cierto que, en más de una ocasión, sentimos no ser profetas en nuestra propia tierra. Mi particular visión de este sentimiento es que existe una tierra que debería ser inconquistable en la que sí somos profetas. La tierra representada por nosotros mismos.

Este apartado podría considerarse el "toque romántico" del liderazgo. Pero es que un líder en su inspiración y su misión tiene algo de romántico (aunque pueda ser de forma más o menos abstracta según el ámbito)

La persona que lidera se dice a si misma:

"Decido, elijo y me pongo "manos a la obra" para ser ese 'flipado', el 'loco', el 'irracional', el 'bicho raro'…

Me da igual dónde y quién… El pensamiento que manifiesto empieza en mi. Ayudarme a mi mismo a compartir con otras personas el hecho de que existen verdaderas alternativas factibles a la hora de afrontar fenómenos como la salud, las relaciones, el diálogo, y la idea de generar recursos de un modo compatible con los pilares de una vida plena (familia, amigos, salud, tiempo libre, libertad, compromiso, cooperación…)"

La persona que lidera le dice a otra:

"Ayúdame a mostrar una visión que quizás desafía gran parte de lo que hemos estado aprendiendo y aceptando como inmutable."

Si bien a veces uno mismo no es capaz de albergar la suficiente certeza como para tener esa visión, puede que sólo necesitemos un empujón final que nos haga despertar, salir de nuestra zona de confort, algo que nos provoque el sentimiento que se verbaliza en un *¿por qué no?* o incluso un *¿por qué no yo?*, y así darnos cuenta de que eso que tanto repetimos al decir que no tenemos tiempo, que nos falta el dinero, la capacidad o los contactos, no son más que excusas y creencias auto-limitantes.

Es evidente que estas excusas y creencias limitantes (respuestas automáticas que tenemos aprendidas) tienen un poder y una influencia asombrosa, pero si somos sinceros, debemos admitir que NO añaden nada positivo a nuestra vida, NO nos hacen ningún bien, ni nos protegen de nada peor que lo que ya tenemos, NO nos hace mejores ni nos aseguran estabilidad alguna (que es lo que tanto teme perder el ser humano y por lo que al final perdemos momentos mágicos de la vida... por pensar que no alcanzaremos estabilidad). Ríase y evite confrontar lo que le digo aquí y ahora, si lo prefiere asiente con la cabeza como un autómata sin pensar en lo que está leyendo. Pero usted y yo sabemos que necesitamos cambiar el chip.

El liderazgo tiene momentos extremadamente intensos y desagradables, pues la frustración por querer "contagiar" al grupo de la visión y las ganas necesarias no es tarea fácil. A pesar de sufrir la agitación que da la impotencia de ver a gran número de personas en nuestro grupo de iguales totalmente aplastados por la apisonadora de un sistema que está roto, y que ha mostrado un funcionamiento pésimo a la hora de ensalzar nuestra capacidad de pensar por nosotros mismos, verlas poniéndose límites sin haberlo intentado, tirando la toalla antes de saltar al cuadrilátero, debemos seguir albergando la esperanza de pasar de ser profetas internos, a verdaderos líderes.

La frustración es insoportable, como el deseo constante de preguntarles cara a cara: *"¿Por qué no abres los ojos y dejas de decir lo que se supone que tienes que decir?"* o *"¿Cómo es posible que hayas perdido la capacidad de soñar?"*.

Quien lidere se verá preguntándose y diciéndose:

"¿Qué hace que tal o cual persona no quiera ver lo evidente y se cierre en un micro-universo que ni si quiera le tiene respeto y que en cualquier momento le abandonará?... Sigo firme en mi decisión de construir algo distinto".

Por duro que pueda sonar... un líder debe hacer preguntas, por supuesto, pero sin entrar en ese estúpido juego de *por qué..., por qué..., por qué...* o *cómo es posible que... , cómo es posible que...* Estos son bucles que no aportan nada. Si hablamos del ámbito empresarial podríamos decir que **no** nos pagan por preguntar sobre determinadas realidades, sino por solucionar problemas, ofrecer el mejor servicio, poner el mejor producto en el mercado, ayudar al mayor número de personas, etc.

Le invito a un viaje apasionante, real como la vida misma, en el que decidamos desarrollar las habilidades necesarias para cumplir nuestras metas y convertirnos en líderes (quizá de nuestra carrera en primera instancia, y de un grupo pequeño al principio, pero con el potencial de liderar a gran número de iguales).

Líderes con buena esencia se dicen eso precisamente:

*"Voy a desarrollar las habilidades, y **no** será una cuestión de suerte o azar, sino de mejora. **No** necesito 'padrinos', 'sponsors', ni 'borregos' aduladores. Lo único que necesito es mi voluntad y mi determinación"*

"Buscaré a quien haya conseguido lo que yo deseo o algo similar, aprenderé exactamente qué hizo, cómo lo hizo, de qué forma superó las dificultades del proceso, y haré lo que tenga que hacer... Abandonar no lo contemplo, ni como una opción. De este modo obtendré los resultados y el estilo de vida que merezco y que merecen mis seres queridos."

Todo estos ejemplos de diálogos internos pueden parecer charlatanería motivacional, pero es que realmente la gran mayoría de las veces nadie motiva a nadie, sino que son cada una de las personas las que se auto-motivan. El líder es un mero facilitador del proceso. Sin embargo, no es quien motiva al grupo, el grupo estará motivado cuando una masa crítica suficientemente grande se auto-motiva. Tenga eso bien claro cuando se enfrente al ejercicio del liderazgo. Si usted NO se ha motivado previamente con un discurso mental similar a los que he presentado más arriba, ¿a quién quiere engañar? No liderará más que a los que, por contrato, estén obligados a seguirle, y eso ya sabemos que no es liderar.

18. El líder en crisis: Hora de re-escribir el cuento. Aprenda a disciplinar sus decepciones.

"Perder no tiene nada de vergonzoso. Ser derribado no tiene nada de vergonzoso. Lo importante es preguntarse en ese momento: «¿Por qué me están derribando?» Si una persona es capaz de reflexionar de esa manera, entonces aún quedan esperanzas para ella."

(Bruce Lee, 1940 – 1973)

Intentos fallidos, resultados negativos (llamados fracasos por algunas personas), desengaños y traiciones (más en el terreno político y de las relaciones), etc. Usted puede continuar con la lista de golpes que se reciben durante el camino.

Sin embargo, en la gran mayoría de las ocasiones, superamos muchos de esos golpes. Es una lástima que cuando llegan tiempos mejores, no recordamos bien qué hicimos para superar los obstáculos. Preferimos olvidar.

En otros casos sí tenemos un recuerdo vivo y claro de qué hicimos para superar tal o cual adversidad. Esto es clave en el progreso y el aprendizaje, puesto que minimiza las probabilidades de hacer lo que mejor hacemos los seres humanos: tropezar en la misma piedra.

De cualquier modo hay que saber que vendrán caídas, golpes y malos momentos. Esto es, el líder en crisis.

En momentos así, por difícil que resulte hay que poner toda la energía en crear el plan para salir de la crisis. En el mundo corporativo se denomina gabinete de crisis (o eso he oído en algún lugar)

La meta universal es fácil de formular: salir del atolladero. Pero salir de forma que evitemos que las aguas vuelvan exactamente al mismo cauce. Se trata por tanto de cambiar el curso del río en algún que otro tramo y no hacerlo únicamente con simples estacas (programas de auto-ayuda), pues el agua las bordeará como si nada, y todo seguirá igual que siempre. Un cambio profundo requiere una visión distinta, un proceder distinto, acciones consistentes en una nueva dirección, vaciar la mente de elementos inservibles e incluso nocivos que se van acumulando con el tiempo, y la firme determinación de afrontar el miedo al cambio, y asomarse a un nuevo abismo...

Todo en tiempo presente continuo (-ando o –endo), que es lo más importante. Hablaremos más delante de la importancia de tomar acción, como antídoto para los problemas.

Una técnica que puede parecer simplista pero que funciona es tomar una parte de los miedos que la nueva realidad (el problema que estamos sufriendo) nos provoca, y "cosificarlo" todo lo que podamos, hasta convertirlo en algo inerte, algo que pudiera ser contado a modo de cuento. Entonces, sin mayor dilación pase a imaginar y crear finales alternativos. Estará re-escribiendo el cuento y puede que se encuentre con alguna idea para solucionarlo o al menos iniciar un camino que se aleje del problema y los miedos.

Esto es importante ejercitarlo, en primer lugar, porque le tocará enfrentarse a problemas y caídas. Pero también es importante practicar para poder enseñar a otros a hacer lo mismo cuando llegue el momento. Esta función del líder fortalece enormemente los lazos con el grupo. Para ello debe tener presente algo que ya se ha comentado anteriormente: se trata de los demás, de sus intereses, sus metas, sus miedos y sus problemas. No se trata de los suyos personales. Zig Ziglar, famoso autor y pensador del mundo empresarial dice:

> *"Si ayudas a un gran número de personas a solucionar sus problemas y conseguir lo que ellos quieren, tus problemas desaparecen y conseguirás lo que tú quieras"*

No es fácil ser líder. Especialmente en los momentos de crisis. Es tentador esperar a que otra persona decida aplicar esa noble idea del tal Zig Ziglar, y que se ocupe de nuestros problemas.

Ante los problemas, los momentos de crisis y las decepciones, una vez analizadas las causas y estudiadas las posibilidades de salir adelante, ya no habrá nada que decir, sino que decidir y que hacer.

Uno de los pensadores y autores sobre desarrollo personal, liderazgo y empresa, que fue mentor de mentores, y reconocido mundialmente fue, sin lugar a dudas, Jim Rohn (1930 – 2009). Este profesor explicaba de un modo muy simple qué hace o debe hacer quien lidere y choque contra algún obstáculo o sufra alguna decepción. Decía que, para afrontar esos momentos, tenemos que aprender a disciplinar nuestras decepciones. ¡Qué gran concepto!

Quien haya desarrollado la esencia de líder de la que estamos hablando en este libro, se levantará y disciplinará sus propias decepciones. Además, ha de saber que esa decepción, o ese problema, no debe compartirlo y desahogarse con el grupo – El líder cuida mucho NO contaminar, ni frenar a su equipo. Algunos problemas y preocupaciones del líder se quedan con el líder. Ésto es duro. Pero sólo de ese modo minimizará la distracción y se pondrá manos a la obra. Esta es la forma en que obran grandes líderes, y está en contraposición de aquella persona que, por las razones que sea, deja que sus decepciones y problemas le disciplinen y guíen su comportamiento que, para entonces, será errático y poco eficaz.

Para finalizar le daré una fórmula casi infalible para salir del atolladero cuando se sienta bloqueado: acciones. Así de sencillo. Lleve a cabo acciones que usted sepa que debe llevar a cabo. Este es uno de los antídotos más poderos para el líder. Si tenía que hacer llamadas que lleva tiempo sin hacer, haga llamadas y verá que bien se siente. Si se le han acumulado demasiados e-mails que enviar, empiece a escribir algunos. No falla. Tome acción y sentirá un alivio. Después tendrá tiempo de dedicarle algo más de reflexión a cada cuestión y buscar mejores soluciones, trazar nuevas estrategias... Pero mientras tanto acción, acción, acción.

19. El poder del ahora y el poder del después.

"La transformación interior no se trata de buscar muchas respuestas a tus preguntas, sino de hallar una nueva relación con el pensamiento, donde no todos los pensamientos te seduzcan. Si puedes liberarte un momento, no toda tu vida, sólo este momento, de la necesidad de entenderlo todo, podrás estar presente en este momento: ahora mismo"

(Eckhart Tolle, "El Poder del Ahora")

Es evidente que existen multitud de razones para ponderar más el presente de lo que normalmente hacemos. En apartados anteriores, dijimos que el pasado debía servirnos de escuela para aprender de la experiencia, pero no como un club al que pertenecer. El siguiente paso debería ser centrarnos en el **ahora**. Sin embargo esta idea, a veces requiere matices. No recuerdo dónde y ni si quiera si realmente lo leí, pero la idea tiene mucho sentido. Dicen que, en la actualidad, dado el nivel de desarrollo tecnológico, el acceso a tanta cantidad de información, y la naturaleza de los cambios en las sociedades modernas, el "ahora" del ser humano puede abarcar un periodo de tiempo alrededor de 1 semana. Por lo tanto, no es descabellado vivir en ese rango, con 5 ó 7 días en nuestra mente como representativos de nuestro ahora. Aún así, en determinadas áreas de la vida sigo pensando que el ahora debería ocupar tan sólo un instante: ahora mismo. Sirva de ejemplo lo que nos dice E. Puniste al hablar de cómo nosotros, como especie, nos estresamos antes, durante y después del estímulo estresante, en contraposición de otras especies que sólo se estresan cuando aparece el estímulo que desencadena dicho estrés (por ejemplo: la lluvia). En este sentido es cierto que deberíamos tratar de aferrarnos a la naturaleza cambiante y entender que los accidentes, los tropezones y las caídas, los cambios repentinos e imprevistos deberían ocuparnos lo justo y necesario para salir adelante, ni un instante más, ni un instante menos.

La idea es actuar **ahora**. Se puede ver con un ejemplo, quizá un tanto tremendista pero muy clarificador, y que además añade el concepto de urgencia (muy potente en la llamada a la acción):

> *"El mejor momento de plantar un árbol fue hace 20 años, así que si quiere plantar uno hágalo ahora mismo."*

Como líderes debemos tener muy presente donde estamos. Sin embargo, parece lógico pensar que también debiéramos tener en nuestra mente cierta previsión del futuro, al menos en forma de meta deseada. No hay que castigarse y sentir que traicionamos a Eckhart Tolle si tenemos ciertos pensamientos sobre el futuro. Es lo que denomino **el poder del después**, ya que a pesar de la necesidad y las ventajas que reporta aprender a vivir en el presente, no debemos menospreciar que para algunas personas, aún siendo plenamente conscientes del poder del "ahora", la idea de un "después" suficientemente atractivo les impulsa a tomar acción en el presente, y esto tiene mucha importancia cuando hablamos de liderar en el "ahora".

Podríamos hacer ejercicio del eclecticismo en estado puro y acogernos al Poder del Ahora en los asuntos más profundos y relacionados con la espiritualidad, la psicología, el estrés, etc. pero también abrirnos al Poder del Después cuando tratemos de liderar hacia el cambio, de llamar a la acción para conseguir metas, etc. NO son incompatibles ambos conceptos, sino más bien todo lo contrario. Son complementarios. Se pueden resumir en una idea:

> *"Ser feliz con lo que tengo y con lo que soy ahora, mientras trabajo y tomo acción para conseguir lo que sueño."*

20. Si fallas en planificar… estás planificando fallar.

No es este ningún manual académico sobre técnicas de planificación, sino una llamada de atención sobre el hecho de planificar. Esta capacidad es inherente al proceso de desarrollo y puesta en funcionamiento del liderazgo, por lo que merece una reflexión.

No existe un plan infalible, pero siempre será mejor haber planificado algo que limitarnos a reaccionar ante los acontecimientos, haciéndoles frentes como si de imprevistos se tratase.

En casi todas las listas o recetas sobre cómo conseguir nuestras metas se recomienda trazar un plan para conseguirlas. En definitiva, incluso sin un MBA o un certificado sobre liderazgo, estrategia y marketing, ahora mismo cualquier persona puede trazar un plan para conseguir una meta, lo que se proponga. Su capacidad para planificar, su capacidad de previsión de posibles obstáculos, sus habilidades, sus circunstancias en general, y su conocimiento, influirán sobre las probabilidades de éxito de dicho plan. Pero no cabe la menor duda de que al planear, de por si, aumentamos ligeramente nuestras opciones de conseguir lo que pretendemos, puesto que, al menos, tenemos una guía que está pensada y diseñada para ello.

No sólo es recomendable practicar y trazar planes para conseguir cosas, e incluso formarse en planificación estratégica, planificación de tal o cual tipo. Es de vital importancia que seamos capaces de ayudar a nuestro grupo a trazar sus planes. Es decir, como líderes debemos planificar nuestra misión (con ayuda de miembros del grupo, por supuesto). Aún así, será inevitable que cada persona o cada subgrupo tenga que enfrentar situaciones particulares que se aparten ligeramente del plan maestro. Ahí es donde el líder también demuestra que lo es mediante el apoyo y la orientación hacia planes específicos.

Son muchas las variables que constituyen un plan. Por citar algunas (no todas): metas detalladas y "desgranadas" en objetivos intermedios, tiempo (plazos, previsiones, etc.), localización, recursos materiales, recursos económicos, recursos humanos, análisis DAFO (Debilidades, Amenazas, Fortalezas y Oportunidades) del proyecto, contactos de interés, posibles colaboradores externos, conocimientos necesarios para llevar a cabo el plan, logística, aspectos legales y fiscales, compromisos sociales y medioambientales...

El ejemplo que acabamos de describir es claramente aplicable a proyectos de distinta naturaleza. Sin embargo, antes y durante el desarrollo de nuestro plan existe una conquista aún mayor que deberíamos tener presente siempre, y para la que también se trazan ciertas líneas maestras a modo de plan. Esto es, nuestro desarrollo personal. Planifique su agenda para nutrir sus ideas, cultivar su espíritu, cuidar y nutrir sus relaciones, reflexione sobre qué va a "devolver" al universo como agradecimiento por todo lo que vaya consiguiendo, qué alimentación va a seguir, qué entrenamiento físico seguirá y cuándo lo llevará a cabo, qué libros va a leer, a qué cursos y seminarios asistirá, qué espectáculos va a ver... Todo eso forma parte del Plan. Podríamos denominarlo el Plan para el Plan. De modo que, sin este plan personal, no podemos aspirar a planificar ninguna otra cosa.

Existe mucha gente a la que se le ponen los vellos de punta al oír hablar de "planificar la agenda para cuidar y nutrir mis relaciones". No estoy diciendo con ésto que debamos eliminar el libre albedrío, ni la espontaneidad de las relaciones humanas. Todo lo contrario. Si planificamos esta área de nuestra vida, cuando lleguen los momentos no-planificados los disfrutaremos como merecen, y los aprovecharemos para enriquecer y ser enriquecidos. Perfecto. Pero si por un casual esos momentos no llegan tan frecuentemente como quisiéramos por las razones que sea, al menos aquel que lo ha planificado sacará el tiempo para ello. ¿Cuántas relaciones se enfrían porque cada persona espera a que la otra le llame, y cuando lo hace, le reprocha no haberlo hecho antes con un estúpido *"¡anda que llamas!"*? Esto no ocurre si se han planificado tiempo y recursos para algo tan importante como las relaciones humanas.

Sobra decir que en la posición de líder usted deberá planificar sus interacciones más importantes con el grupo o equipo (reuniones grupales e individuales, asambleas, mesas redondas, etc.). También deberá planear sus interacciones con los colaboradores externos y, en definitiva, con cualquier ente que participe en el proceso.

Para terminar de "venderle" lo importante que es planificar, para su vida, para sus proyectos y su liderazgo, piense que si usted planifica y traza un mapa de cuál será su actuación, al menos sabrá que parte de lo que hace, lo hace porque usted lo planificó, no porque sí, o porque alguien le ordenó hacerlo, o porque no tenía nada mejor planeado y las circunstancias le llevan a hacerlo. De ahí que digamos que si fallamos en planificar, estamos planificando fallar.

21. Consistencia y Persistencia: lo que diferencia a los mejores

La consistencia, tal y como define el DRAE (Diccionario de la Real Academia Española) hace referencia a la duración, estabilidad, solidez de nuestras acciones.

Persistir es, según la misma fuente, mantenerse firme o constante en algo, así como durar por largo tiempo.

¿Hace falta explicar algo más? – Para comprender que estas son, sin ninguna duda, piedras angulares de un líder no hace falta explicar mucho más. Sin embargo, existen algunas ideas al respecto que creo que sí pueden ser interesantes.

Una de las ideas que quiero explorar con usted es el hecho de que se puede ser consistente (en cuanto a la estabilidad y solidez de nuestras acciones) pero no persistir (no mantener ninguna constancia, no durar en el tiempo), o no ser consistente pero persistir. Como bien puede imaginar, suceden cosas extraordinarias cuando se combinan y se manifiestan ambos conceptos al mismo tiempo.

La persona que decide liderar deberá aceptar algunas "reglas del juego". Una ampliamente aceptada y reconocida por multitud de escuelas y autores, en diferentes campos, es el hecho de que usted tendrá que repetir hasta la saciedad su idea o proyecto, repetir determinadas acciones importantes para la creación del movimiento... Deberá ser consistente en su actuación. De ese modo, sea cuando sea, en el momento en que alguien se "asome" a lo que usted está diciendo o haciendo, verá un patrón y un comportamiento consistente con lo que viene haciendo, con la idea original, con la visión. Si le vuelven a ver después de varios meses, o incluso más de un año después, salvo algunos matices, en esencia sus acciones deberían ser las mismas. Un mensaje consistente (que no lleve a equívocos, que no titubee...). Pero, en relación a este apartado ¿qué diferencia a un líder de otro en caso de que ambos sean consistentes? – La persistencia.

Cuando lleguen los momentos más difíciles, los momentos con mayor cantidad de estímulos para nuestra distracción (periodos vacacionales, fiestas nacionales, compromisos sociales, ofertas de ocio, etc.), las primeras zancadillas o tropezones, incluso los temibles momentos de duda interna (suelen producirse por acumulación de zancadillas, tropezones y enjuiciamientos externos) el líder que marcará la diferencia es el que persista.

Para entender la persistencia el contexto de la venta es, sin lugar a dudas, el mejor ejemplo. Siempre entiendo una venta honesta, no condicionante, sincera y evitando convertir al vendedor en acosador. En los procesos de venta se han dado algunos de los ejemplos de persistencia más inspiradores que recuerdo. En muchos libros se ha citado el caso un hombre, natural de

Chicago (EE.UU.) que representa un testimonio real de persistencia. Se cita en muchas obras, y dado el extraordinario ejemplo que representa, yo también lo citaré aquí. Este señor:

1816 Su familia es desalojada y tiene que trabajar para colaborar y salir adelante (con 7 años)

1818 Fallece su madre

1831 Fracasa en los negocios (a la edad de 22 años)

1832 Se presenta como candidato para la legislatura del estado y pierde. Así mismo también pierde su trabajo. Decide intentar estudiar derecho pero es rechazado.

1833 Pide dinero prestado a un amigo para emprender un negocio y, al final de ese mismo año, termina en bancarrota. En los siguientes 17 años estuvo pagando esa deuda.

1834 Se presenta de nuevo para la legislatura y gana.

1835 Justo antes de casarse con su prometida ésta muere, causándole una profunda depresión.

1836 Sufre un colapso nervioso y permanece encamado 6 meses

1838 Intenta convertirse en portavoz en la legislatura del estado y es derrotado

1840 Se presenta de nuevo como candidato y pierde

1843 Intenta orientarse hacia el Congreso y pierde

1846 Intenta de nuevo presentarse para el Congreso. Esta vez gana y hace un buen trabajo en Washington.

1848 Se presenta para la re-elección en el Congreso y pierde

1849 Intenta conseguir un puesto en la oficina territorial en su tierra natal y es rechazado.

1854 Se presenta en el Senado de los Estados Unidos y pierde

1856 Intenta presentarse para la nominación de vice-presidente en su partido y obtiene menos de 100 votos.

1858 Lo intenta de nuevo en el Senado y, de nuevo, pierde

1860 Sale elegido Presidente de los Estados Unidos.

He aquí un claro ejemplo de persistencia. En este caso hablamos de Abraham Lincolm (1809 – 1865). Hay miles de historias, cuentos inspiradores, citas, etc. sobre el poder de la persistencia o la perseverancia. Le invito a que los busque y se inspire. Pero sobre todo, le invito a que protagonice uno de ellos y empodere a las personas de su alrededor para que hagan lo mismo. No dude que liderará.

Para aquellos casos en los que las personas sienten que no tienen ni si quiera los ingredientes básicos para poder conseguir determinadas metas, personas que se bloquean porque auguran un sin fin de intentos fallidos o unos resultados auténticamente nefastos, existe una fórmula.

El punto de partida es que en cada instante, cada intento, debe ser llevado a cabo con el máximo grado de consciencia y totalmente focalizados en hacerlo lo mejor posible y aprender lo máximo posible. Sin este punto de partida la fórmula **no** funciona.

Una vez aceptada la premisa que gobernará cada intento aquí va la fórmula, de manos de Jim Rohn:

"Conseguir con los números lo que no se consigue por falta de habilidades"

Esto significa que, a la hora de conseguir determinados resultados, porcentajes de cierre o acierto, usted podría competir con cualquier persona, independientemente del nivel de dicha persona.

Jim Rohn explica muy bien esta fórmula, el concepto, en su seminario sobre cómo construir un negocio en redes. Nos pone el ejemplo de una persona con una ratio de acierto de 1 de cada 10 (10%), frente a otra que acierta 9 de cada 10 (90%). En caso de competir en un determinado periodo de tiempo la persona con peor ratio puede conseguir con un mayor número de intentos lo que no puede por su falta de habilidad. ¿Cómo? – Muy sencillo: imagine que la persona con un 90% de acierto lleva cabo 10 intentos y obtiene 9 aciertos... Todo apunta a una aplastante victoria, hasta que la persona con menos habilidades se presenta y muestra sus **100** intentos (aquí está la persistencia), con lo que obtiene 10 aciertos y gana la competición. Esto es un ejemplo del significado de la idea que propone Jim Rohn.

El mensaje de fondo es que no abandone. Ese sería el verdadero momento de fracaso, el abandono. Cuando usted madura bien una decisión, tiene clara su visión y la misión que va a emprender, tiene las razones poderosas de por las qué llevarla a cabo, una vez que empiece, NO abandone jamás. Es más, le diría que si lo ha planificado correctamente y ha encontrado una manera de llevar a cabo ese proyecto, de modo que el proceso sea enriquecedor en si mismo, muera intentándolo si hace falta. No habrá perdido nada, ni si quiera lo más importante, que es la oportunidad de conseguirlo. En el momento en que abandone entonces no habrá medias tintas: habrá fracasado.

> *"Respetando tus principios y*
> *manteniendo la integridad intacta, haz lo que*
> *tengas que hacer durante el tiempo que haga falta,*
> *sin contemplar el abandono como opción."*

Craig Bradley
(Co-Fundador de Agel Enterprises)

22. Determinación: la mejor armadura contra los ladrones de sueños.

Puedo imaginar perfectamente a una persona emprendedora, con ese brillo en los ojos que miran de una forma especial; ojos que no miran, sino que visualizan, y como tras exponer su visión, el proyecto, la idea que va poner en marcha, invita a sus iguales a que se unan a la misión. En esos momentos alguien espeta un típico: *"Te van a llover palos por todos lados"*, a lo que se une otro locuaz: *"Yo no digo que no lo hagas, sólo digo que ya verás el jardazo que vas a pegar"*. ¡Ojo! porque no estoy en contra del hecho de que alguien del grupo opine, y le ofrezca su punto de vista e incluso sus consejos o apreciaciones sobre el proyecto. Pero... ¿no cree usted que el modo que han elegido para decírselo suena un poco destructivo? – Yo sí.

Este apartado es el complemento para poder llevar a cabo el anterior. No se puede persistir sin un escudo. El escudo será más importante cuanto más duro sea el momento del camino. Además, aunque dicho escudo se construye a lo largo del proceso, será en los momentos más graves y de máxima dureza, donde se compruebe su robustez. Cuando lleguen esos palos usted se dará de cuenta de qué madera está hecho.

Cuando hablo de determinación lo hago refiriéndome a su segunda acepción en el diccionario de la RAE. Es decir, a la **osadía** y el **valor** que se necesitan para enfrentar lo corriente, para actuar fuera del patrón y recibir los innumerables "consejos" de que ni lo intentemos, o de que abandonemos.

Concéntrese en ese grupo de personas que tanto interés muestran y tantos consejos y comentarios ofrecen, de repente, cuando alguien de su círculo (cercano y no tan cercano) decide emprender e intentar algo nuevo o algo desafiante. A partir de ahora les llamaré "ladrones de sueños". Déjeme explicarle por qué y qué creo yo que subyace en tan acelerado deseo de "advertir" al emprendedor.

En primer lugar quiero aclarar que estas personas no tienen malas intenciones para con nosotros. Al menos, la mayoría no. Sinceramente pienso que en muchas ocasiones actúan de buen corazón. Lo que sucede es que, tras su apresurado y bienintencionado interés por borrar de nuestra mente la idea de emprender, ocultan miedo. Un miedo muy particular.

Una de las razones de llamarles ladrones es que, ante la falta de sueños, parece que están entrenados para robar el de los demás.
Un ladrón de sueños tiene una especie de lista de lo que **no** puede hacerse. En esa lista incluyen todo tipo de ideas y propuestas, formas de actuación, etc. que son consideradas por la comunidad de ladrones de sueños como imposibles o difíciles de conseguir. Además, dicha lista está bien protegida con cantidad de argumentos aparentemente (sólo en apariencia) "racionales".

El temor de un ladrón de sueños es que quien ose a intentar algo de lo que está en la lista de lo imposible, supone una amenaza para la estabilidad y es *statu quo* de la comunidad de ladrones de sueños. Si por alguna razón, *"Dios no lo quiera"* – reza el ladrón de sueños – este osado emprendedor consigue lo que se propuso, la lista y la realidad misma de los ladrones de sueños sufren una fuerte sacudida. En algunos casos, incluso algunos ladrones de sueños despiertan y abandonan el grupo de no-soñadores.

Imagine que usted, yo, y todas las personas que tenga usted a su alrededor estuviéramos agrupados y apiñados como un rebaño. Todos con la cabeza totalmente baja y mirando al suelo, donde casualmente se proyectan una serie de vídeos, documentales, la lista de lo imposible y otros textos que definen "qué es y cómo es la realidad". Imagine que, un buen día, usted y yo percibimos la sensación de que todo este tinglado no es más que un lavado de cerebro como una catedral, y nos da por intentar levantar la mirada para ver qué hay ahí fuera. Al ver que no pasa nada por mirar de frente, e incluso tener una visión más clara de las posibilidades y las oportunidades que tenemos a nuestro alcance, nos armamos de valor y decidimos salir del rebaño. Cuando no hemos hecho más que levantar la cabeza, y a penas dar un par de zancadas, nos damos cuenta de que algunos miembros del rebaño, con la cabeza aún metida en el grupo y mirando hacia abajo, nos dicen: *"psss.., psss... ¿qué hacéis? ¿estáis locos? ¿dónde vais? ¿no veis que os vais a perder, o tropezaréis, u os llevaréis un montón de palos? Dejar de hacer el tonto y volved a vuestro sitio"*. Ante nuestra decisión de no seguir sus recomendaciones, se unen entonces más y más miembros del rebaño. Esta vez, al unísono, nos sueltan todo tipo de razones para no seguir adelante. Razones que, por otra parte, son leídas en el suelo al que miran y que les mantiene totalmente absortos de la sola posibilidad de mirar en otra dirección.

Si no gozamos de la determinación necesaria esta alegoría terminaría aquí con usted y yo resignados, volviendo a nuestro lugar en el rebaño y clavando la mirada de nuevo en el suelo, para seguir siendo adoctrinados.

Como líderes no sólo habrá que levantar la mirada, sino que deberemos ser capaces de identificar a personas que también están levantando tímidamente la cabeza en medio del extensísimo rebaño. Deberemos identificarlas y acudir rápidamente a ellas para que sepan que no están solas, que estamos creando un grupo, un equipo, y que todos miramos hacia delante, compartiendo una visión por la que iniciaremos nuestra andadura, abandonando el rebaño.

Podríamos hablar de esta misma idea a través de excelentes obras cinematográficas como "The Matrix" entre otras muchas. Creo que queda más que claro lo que he querido ilustrar en estos párrafos.

El último aspecto que quiero tratar sobre los ladrones de sueños es que tienen una capacidad extraordinaria para disfrazarse. No existe nadie que se camufle mejor que ellos. Adoptan forma de familiares, pareja, amigos de la máxima confianza, ídolos de todo tipo, líderes religiosos, compañeros de trabajo, profesorado, líderes políticos, programas de televisión, artículos de prensa, etc.

¿Debemos, entonces, alejarnos de todo y todos para estar a salvo? – Ni mucho menos – Es más sencillo nutrir nuestra mente y nuestro espíritu para elevar nuestro estado de consciencia y entender que todo es un proceso. Debemos comprender en qué lugar estamos respecto al rebaño, y aceptar que durante cierto tiempo parte del entorno (no todo) se mostrará más reticente a nuestra idea de cambio, nuestro deseo de emprender o liderar un movimiento. Así, utilizaremos de manera pacífica nuestro escudo de determinación para los ataques, y nos mostraremos abiertos y receptivos en todo lo demás. De este modo, podremos convivir, disfrutar y nutrirnos de lo mejor de nuestro círculo, sin dejarnos derribar por el ataque de los ladrones de sueños.

23. Occidente aspira a ser un roble mientras Oriente suspira por ser bambú: sobre la flexibilidad.

Suele ser muy común que, al pensar y ponderar la consistencia, la persistencia y la determinación, aumentamos notablemente el riesgo de liderar desde la rigidez. En contextos de máxima dureza, o incluso en los desafortunados casos de guerra, un tipo de liderazgo más rígido puede ser interesante. Sin embargo, en el contexto que nos ocupa, aunque se libran importantes batallas contra nuestros propios miedos, contra los prejuicios, los ladrones de sueños, etc. la rigidez no es el camino, ni demuestra mayor grado de eficacia.

El motivo de este apartado es precisamente reflexionar sobre algunas ideas y algunos símbolos que dirigen nuestra conducta y nuestras acciones como líderes. Concretamente quiero analizar cómo la cultura occidental utiliza símbolos como el roble para dotar de más valor a un patrón de actuación sobre otro.

Si usted oye hablar a alguien que afirma que tal o cual líder ejerce su liderazgo con la fuerza de un roble, es muy probable que interprete eso como algo positivo. A este respecto, quiero ofrecerle otra forma de entender el mismo fenómeno.

Asumamos que un líder lleva consigo tremendas cargas en forma de responsabilidades, funciones, compromisos, evaluaciones y, para colmo de males, los reveses y golpes propios del proceso de liderar y avanzar en un determinado sentido. Imagine esas cargas como la nieve que se va acumulando en ese roble, en cada hoja, en cada rama, hasta tal punto que llega a ser casi insoportable, llegando incluso al caso de ramas que, tras un terrible crujido, terminan por romperse.

Imagine ahora que escucha a alguien decir de un líder que no tiene fuerza, que no resiste como el roble y que, en todo caso, se comporta como el bambú. La tradición oriental otorga a esta característica – la flexibilidad – un valor positivo añadido. Según las tradiciones orientales la flexibilidad termina venciendo a la rigidez, pues en el duro invierno, mientras el roble va acumulando la pesada carga de la nieve sin inmutarse hasta crujir y romperse, el bambú va modificando su actitud de modo que se curva por acción de dichas cargas y, cuando parece que terminará doblegándose del todo, la nieve se desprende y cae por su propio peso, quedando las ramas de bambú libres de carga y volviendo a su posición inicial. ¡Qué imagen más hermosa y más representativa de una forma de actuar completamente opuesta a la rigidez, pero con un resultado aplastantemente más eficaz y positivo! ¿No cree?

La flexibilidad para modificar la estrategia en aquellos puntos que son susceptibles de cambio es una cualidad del liderazgo de máximo nivel. Especialmente en el contexto actual con realidades que cambian frecuentemente y a gran velocidad.

Será usted quien, si desarrolla la flexibilidad necesaria, podrá liderar en "cualquier estación del año", y ejercerá un liderazgo "todoterreno".

24. La autenticidad de su liderazgo está determinada por el tipo de líder que es (liderazgo de servicio)

> *"Uno finalmente se convierte en adulto cuando se da cuenta de que la vida tiene más que ver con lo que se da, que con lo que se recibe"*

(K. Blanchard, "Liderazgo de Máximo Nivel")

Para entender qué quiero decir con liderazgo de servicio, repasaré brevemente algunos tipos de liderazgo muy fácilmente reconocibles y que se dan con mucha frecuencia:

Liderazgo jerárquico: El que se ejerce por el puesto que ocupa una persona en el organigrama. Los padres, los directores, los jefes, la presidencia, el capitán… Gran parte de las razones por la que el grupo sigue al líder se diluyen entre el verdadero rol de líder o el puesto que ostenta. No es el más puro de los liderazgo, bajo mi punto de vista.

Liderazgo de rendimiento: la gente le sigue por lo que hace. Los ejemplos más claros están en el mundo del espectáculo y el deporte. ¿Por qué siguen a Fernando Alonso, Rafa Nadal, Will Smith, Buenafuente, Cristiano Ronaldo o Mesi, Michael Jordan,

Michael Jackson, Madona, Bruce Lee, etc.? Aquí el componente de admiración está muy presente, lo cual es perfectamente aceptable. Si usted consigue que parte de la razón por la que su grupo le siga, sea el nivel de maestría que usted exhibe en algún área, o el grado de admiración que despierta, ¡enhorabuena!

Liderazgo de servicio: la gente le sigue por lo que hace **por ellos**. Este liderazgo es de los más puros y naturales que existen.

Evidentemente nuestro liderazgo no es exclusivamente de un tipo, sino que tiene matices y grados de los distintos tipos y, a su vez, varía en determinados contextos y situaciones. Así podemos entender que Steve Jobs ejerza un liderazgo enorme en los tres campos, por el puesto que ostenta, por su capacidad y rendimiento creativo y directivo, así como por lo que el resultado de sus creaciones y su visión suponen para el cliente, que se siente beneficiado gracias a lo que Apple ha hecho.

Nosotros nos centraremos en el aspecto del servicio.

Ser un líder de servicio **no** tiene nada que ver con trabajar necesariamente en el sector de los servicios, ni con el liderazgo religioso. Ken Blanchard, en su libro "Liderazgo de Máximo Nivel" alaba la potencia de este tipo de liderazgo y lo explica en detalle. Una de las claves de este liderazgo que posee el elemento clave de todo líder, la visión, con una forma especial de plantear la ejecución de dicha visión. Esta ejecución estará determinada por una mentalidad de servicio. El resultado de esta forma de liderar es la creación de un ambiente que fomenta el enriquecimiento y la creatividad, además de la actitud de agradecimiento. Todo lo contrario que en liderazgos más tradicionales y rígidos en los que el grupo puede incluso tender a esconderse, protegerse o pasar desapercibido, antes de intentar participar en hacer que la misión siga adelante.

La esencia del líder servidor es que en sus prioridades está ayudar al mayor número de personas a alcanzar sus metas.

En el desarrollo y la aplicación de este liderazgo de servicio entrará el juego el "empoderamiento" (suena mucho más poderoso en inglés, *empowerment*). De cualquier modo, como líder servidor, buscará desencadenar el potencial de cada persona en el grupo, ayudándola así a alcanzar sus metas, e incluso en algunos casos convertirse en líder.

Cuando empoderamos estamos sembrando la semilla de un legado que, presumiblemente, en un futuro podrá permitirnos delegar y perseguir nuevas metas, sin que ello suponga un detrimento para el movimiento, o la organización que creamos al comienzo. Es un seguro de vida para el equipo. Además, permite que aflore lo mejor de cada miembro del equipo. Un ejemplo de una figura que todo el éxito que alberga y las personas que le siguen se debe a que practica un liderazgo de servicio es el *Coach* o *Entrenador*. ¿Qué hace *Coach* si no es servir y servir a su cliente para que éste desencadene su potencial y alcance sus objetivos?

Para entender la filosofía que mueve una actitud de servicio en el ámbito del liderazgo debemos entender un concepto sencillo pero tremendamente poderoso: el continum de la dependencia. Este concepto es explicado brillantemente por Stephen R. Covey en su obra maestra *"Los 7 hábitos de las personas altamente efectivas"*. No obstante, lo desarrollo aquí, pues es fundamental para comprender el liderazgo de servicio.

Una persona (líder) novata y con escaso nivel de madurez vive en un nivel básico de **dependencia**. Esto es reconocible porque en momentos de tensión o miedo, siempre culpa a otros como responsables de su situación. Por lo tanto, admite su total dependencia. Esta fase se identifica con el ' **tú** ' (*"eres tú quien* *debía haber hecho tal o cual cosa" , "tú eres quien me ha perjudicado por esto y por lo otro, tú, tú y tú…")*

Pasados ciertos estadios de madurez y desarrollo, algunas personas pasan a la fase con la que comencé este libro, el periodo de "Juan Palomo" u "Hombre Orquesta". Este estado es lo que conocemos como **independencia**. En realidad nadie es 100% independiente, puesto que requiere de la existencia y actuación de otros seres humanos. Pero espero que comprenda el sentido del concepto independiente. Esta es la fase del ' **yo** '.

El momento mágico y fundamental que despierta en las personas más maduras, e inexorablemente en el ámbito del liderazgo de servicio, es cuando se entiende que el éxito es cuestión de equipo. Este estado se puede denominar **inter-dependencia**. Esta es la fase del ' **nosotros** '.

Queda patente, entonces, que un líder servidor hablará de "nosotros". Llevará a cabo las funciones más operativas, estratégicas, etc. del líder (las que usted quiera considerar como funciones fundamentales, eso da igual), pero siempre lo hará con "nosotros" en mente. Sólo así orientará adecuadamente sus acciones.

No podemos seguir hablando de liderazgo de servicio sin nombrar algo que es inherente a esta forma de liderar: la empatía. Ha quedado patente que el foco del líder servidor es o son los demás, por lo tanto, empatizar es el nombre de la canción. Sin ir más lejos, observe que manera tan elegante de explicar gran cantidad de contenido relacionado con la empatía, el respeto y otras variables importantes, de la mano del Dalai Lama:

"El verdadero respeto llegará si tenemos más contactos unos con otros, llegando a entender los valores de cada uno. Así es como se desarrollará la admiración y el aprecio entre nosotros."

(Dalai Lama)

Con las ideas exploradas hasta ahora sobre el concepto de servicio en el liderazgo, es fácil entender que este tipo de liderazgo ocupa un lugar natural en la interacción con clientes, en el contexto de la empresa. Sin embargo, es más interesante aún, que hagamos el esfuerzo por entender y extender el liderazgo de servicio en la interacción interna, con nuestro equipo, con el grupo, con los colaboradores, con nuestro círculo cercano.

Conviene también no perder de vista que ser liderar a través del servicio tiene como punto de partida el desarrollo personal del líder. No se puede salir ahí fuera ayudar a los demás si ni si quiera tenemos medianamente claro quiénes somos, qué queremos, qué herramientas tenemos, qué habilidades debemos desarrollar y mejorar continuamente... Es un proceso doble, con la peculiaridad de que en el momento de liderar, la prioridad es el "nosotros". Creo que queda bastante clara la idea del equipo, el grupo, sin olvidarnos de nosotros mismos como individuos. No hay partes, es todo.

A continuación le presento un esquema que representa el nivel de impacto y valor que aportamos a los demás (al mercado, al equipo, a nuestra pareja, amigos, la comunidad, los colegas, etc..). Quiero que entienda que esto es un esquema, que desarrollaré con un ejemplo mundano, pero que las aplicaciones y el alcance de la idea dependerá de usted y su capacidad de visión.

Como he dicho, utilizaré un ejemplo mundano del ámbito de la venta. Imagine que usted decide vender tomates aliñados como snack saludable. Ahora observe la escala *in crescendo* sobre el valor que aporta usted con sus tomates aliñados.

Primer nivel: usted puede ofrecer una **comodidad**. Este nivel es lo más básico. Venderá tomates aliñados de una forma cómoda para los clientes. Por ejemplo, en una buena localización o en horarios muy competitivos y amplios. Usted está aportando valor en forma de comodidad. Este sería el típico caso de los puestos nocturnos que ofrecen comida. La clave es lo cómodo que resulta a altas horas de la madrugada, aunque la calidad del producto no es lo más importante.

Segundo nivel: Ahora se centrará en el **producto**. Este es el momento en que usted intentará que sus tomates aliñados sean de buena calidad y tengan buen sabor. El cliente siente algo más que una comodidad, siente que consume calidad. Acaba usted de añadir valor.

Tercer nivel: usted ofrece una **experiencia**. El cliente no siente que vaya a un lugar cómodo y consuma tomates aliñados de calidad. Usted provoca que ese hecho se convierta en una experiencia gracias, quizás, a la atención al cliente, la decoración, la presentación, el entorno y los detalles. Definitivamente estamos hablando de aportar mucho más valor.

Cuarto nivel: este nivel es el definitivo. Usted consigue que su cliente experimente una **transformación**. Es francamente difícil alcanzar este nivel, pues estamos hablando de que una persona que acude a usted y consume sus tomates aliñados queda totalmente fascinada. Lo que usted presenta, cómo lo presenta y, quizás, el hecho de que haga partícipe al consumidor en la obtención de los máximos niveles de calidad, o que las consecuencias de haber utilizado su servicio le impactan en otras áreas de su vida o le hagan reflexionar, o... ¡yo qué se!... tiene como resultado la transformación de su cliente. Esto es de un valor casi incalculable. No es de extrañar que haya profesionales cuyos honorarios, y listas de espera sean gigantes. "Algo" ocurre cuando un cliente acude a ese profesional, que el resultado es la transformación.

El poder de tener esta escala presente a la hora de crear la visión, establecer la misión, trazar estrategias, interactuar con el equipo, con los colaboradores, etc.... es extraordinario. Un líder que consiga, a través del componente 'servicio', impactar de tal modo al grupo de personas que éstas sientan una transformación, ese es y será el líder definitivo.

Cuando inicie su andadura como líder, o cuando decida llevara a término los cambios en su tipo de liderazgo, de modo que el concepto de servicio esté presente en su forma de liderar, estará usted en un camino claramente destinado a conquistar el éxito en compañía de su equipo, llegarán a la cima y coronarán no una sino muchas metas. Para ello tendrá usted, como líder, que subir la escalera de liderazgo.

La escalera de liderazgo, no se confunda, NO es su camino ascendente hacia el liderazgo. Sino la forma en que un verdadero líder avanza a lo largo de la escalera del éxito o la realización. Es una forma concreta. De este modo el líder, independientemente de dónde esté, tendrá una mano en el nivel superior (la visión, la capacidad de emprender y progresar) pero siempre tendrá una mano en el nivel inferior ayudando a quien esté siguiéndole. Evidentemente lideraremos a gente que decida seguirnos. Aquí, de nuevo, invito al lector a revisar la obra "Al liderazgo por la venta" y que entienda que, como líderes, vendemos la idea de seguirnos. Pero cuando alguien nos sigue, la decisión ha sido suya.

En toda organización, cuando enfrentamos el crecimiento masivo, llegamos a una situación muy especial. Esto es, liderar a líderes. Así se perpetúan los movimientos, organizaciones, ideas, empresas, etc. a lo largo del tiempo. Para ello, igual que con las personas que deciden seguirnos, aquí lideraremos a aquellas personas que quieran ser líderes.

Todo lo comentado sobre liderar líderes como metodología para perpetuar el proyecto o la idea en cuestión suena muy bien, y tiene sentido. Sin embargo, en la mayoría de las situaciones, imperan las siguientes dos premisas:

- No todo el mundo será un líder (algunas personas llegarán a serlo, otras no, y otras elegirán a posta no serlo)

- Si se le pide a todas las personas que lideren, el resultado es que nadie lo hará.

Quiero finalizar con otro esquema que guía el patrón de actuación de un líder servidor definitivo. Se trata de una herramienta de control para evaluar nuestras ideas, propuestas de actuación, estrategias, acciones, etc. La unidad de medida o "moneda de cambio" con la que se puntuará será el binomio formado por Motivación y Compromiso, existiendo una escala de 1 a 9 (no incluyo el 0, ni el 10, porque no creo que haya extremos en el contexto que nos ocupa). Las categorías que evaluaremos serán dos: el ego (**E**) y los principios (**P**). Sus actuaciones tendrán en su interior una motivación y un nivel de compromiso que estarán más relacionados con la E y/o con la P. De este modo estableceremos una ratio y podremos evaluar acorde a **la ratio E/P**. Seamos claros en este punto: como líder, y especialmente como líder servidor, JAMÁS debe dejar que en esta ratio la E esté por encima de la P. Un ejemplo razonable y aceptable podría ser una Ratio E/P de 5/8

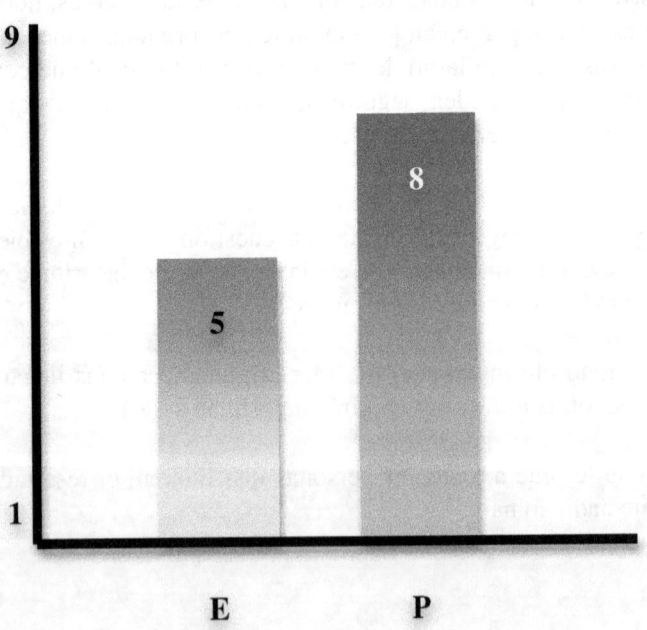

BLOQUE III: El Mercadeo en Redes: fábrica de líderes

25. ¿Qué es y qué NO es mercadeo en redes?

¿Qué es el Mercadeo en Redes o Mercado Multinivel?

Empezaremos con la definición más seria y de obligado cumplimiento cuando hablamos de Mercado en Redes, o Mercado Multinivel. Es decir, la **Ley 7/1996, de 15 de enero, de Ordenación del Comercio Minorista en España. (Boletín Oficial del Estado)**. En el artículo 22 se trata específicamente este sector. He incluido aclaraciones en *cursiva* para hacer más comprensible la idea.

Artículo 22. Venta multinivel

1. La venta multinivel constituye una forma especial de comercio en la que un fabricante o un comerciante mayorista (*la empresa*) vende sus productos o servicios al consumidor final a través de una red de comerciantes y/o agentes distribuidores independientes (*que también son consumidores finales*), pero coordinados dentro de una misma red comercial y cuyos beneficios económicos se obtienen mediante un único margen sobre el precio de venta al público, que se distribuye mediante la percepción de porcentajes variables (*según el plan de pagos de cada compañía*) sobre el total de la facturación generada por el conjunto de los consumidores y de los comerciantes y/o distribuidores independientes (*también consumidores finales*) integrados en la red comercial, y proporcionalmente al volumen de negocio que cada componente haya creado (*en función de su rendimiento personal y no del lugar en la red*).

2. Entre el fabricante o el mayorista y el consumidor final sólo será admisible la existencia de un distribuidor. (*éste será ese consumidor final – distribuidor que está construyendo la red*)

3. Queda prohibido organizar la comercialización de productos y servicios cuando:

a) El beneficio económico de la organización y de los vendedores no se obtenga exclusivamente de la venta o servicio distribuido a los consumidores finales sino de la incorporación de nuevos vendedores (*debe ser posible que un distribuidor obtenga beneficios sólo por la venta de productos hecha a partir o gracias a él*), o...

b) No se garantice adecuadamente que los distribuidores cuenten con la oportuna contratación laboral o cumplan con los requisitos que vienen exigidos legalmente para el desarrollo de una actividad comercial (*normalmente el acuerdo de distribución especifica al distribuidor que debe hacerse responsable de que cumple sus obligaciones fiscales ya sea dándose de alta como autónomo, o creando una sociedad, etc.*)

c) Exista la obligación de realizar una compra mínima de los productos distribuidos por parte de los nuevos vendedores sin pacto de recompra en las mismas condiciones. (*la clave está en el final de esta frase, cuando dice «sin pacto de recompra» Es decir que esa compra mínima – que al fin y al cabo es su consumo – debe producirse en condiciones de recompra, o lo que es lo mismo, que pueda usted devolverla y recibir su reembolso*)

4. En ningún caso el fabricante o mayorista titular de la red podrá condicionar el acceso a la misma al abono de una cuota o canon de entrada que no sea equivalente a los productos y material promocional, informativo o formativo entregados a un precio similar al de otros homólogos existentes en el mercado y que no podrán superar la cantidad que se determine reglamentariamente. (*lo que una persona compra para iniciar su proyecto como consumidor-distribuidor debe ser producto, y no ingresar dinero en cuentas distintas que no se traduzcan en una compra de producto. Además, la inversión inicial no podrá superar determinada cantidad, con objeto de que sea una inversión razonablemente asequible, teniendo en cuenta que estamos hablando de un negocio, y de consumidores finales, no grandes inversores*)

¿Qué NO es el mercadeo en red?

Esta pregunta es sencilla. El mercadeo en red NO es una venta en pirámide. En primer lugar porque, en la misma ley que acabamos de tratar anteriormente, el Artículo 23 prohíbe explícitamente la venta en pirámide. Muchas personas se empecinan, sin saber muy bien ni si quiera que es la venta piramidal, en decir que el mercado en redes es piramidal. Argumentan la forma triangular de representar algunos planes de compensación, algo absurdo puesto que eso no es más que una representación gráfica para entender el funcionamiento.

Lo que determina que una venta o una cadena de ventas supongan un delito o estafa piramidal es la circulación del dinero. En primer lugar, las pirámides ilegales suelen tratarse de compañías que no tienen un producto tangible (no todas las compañías de servicios son pirámides, esto es sólo una explicación). Además, en una estafa piramidal, el dinero (la oportunidad de generar ingresos) sólo es posible por la adhesión de otro inversor y, lo que es todavía más clarificador, el sistema de compensación es rígido y se estructura de modo que las personas que ocupan los puestos más altos de la pirámide, son las que más ganan. Sirva de ejemplo la mayor estafa piramidal de la historia, a manos del consultor de inversiones Bernard Madoff. En este caso cuando los "inversionistas" (las víctimas) decidieron retirar parte de sus fondos dando por hecho que había obtenido ciertas ganancias fruto de los intereses, se destapó la terrorífica realidad, y es que ese dinero no existía y la gran mayoría se lo había llevado el artífice del fraude (el Sr. Madoff). ¿Dónde está el producto tangible? ¿Dónde están las ventas, claramente visibles y cuantificables, sobre las que el distribuidor cobra comisiones? – Nada de eso existe.

Una nota para la reflexión. ¿Se ha planteado en qué otros lugares vemos una estructura triangular, de jerarquía rígida, y en la que las personas en la cúspide reciben mayores ingresos y honorarios que los que representan la base de dicha estructura? – No se preocupe, se lo digo yo: el modelo empresarial convencional, los partidos políticos, y las religiones formales. Uno de los aspectos más importantes que les salva de ser el mayor fraude del mundo es que los escalafones inferiores generan algo de ingresos (salarios) y poco más.

Un líder de buena madera, no debería dejarse engañar por propuestas fraudulentas (esto es de puro sentido común), pero tampoco debería dejarse llevar por la ignorancia del "rebaño" o la desinformación. Es fundamental practicar la escucha abierta, el análisis racional y sincero de los hechos, no de las creencias ni las opiniones. Además, en muchas ocasiones, cuando se lidera hacia el cambio, la posición que adoptamos como líderes, junto con todo el equipo, es totalmente contra-corriente, por lo que es de vital importancia que el movimiento que iniciamos esté fundamentado en hechos y bases sólidas, no en falsas creencias o intereses totalmente parciales.

Es triste afrontar que hay tanta gente que confía en este tipo de "fondos de inversión" por toda la pompa que hay alrededor, por los nombres y los trajes que se manejan y, sin embargo, cuando le hablan de recibir ingresos por la recomendación de productos o servicios en una estructura en red, sacan a relucir su falso escepticismo (nótese que he dicho falso – lo explicaremos más adelante)

26. AVATAR: entendiendo el alcance del modelo de Mercadeo en Redes

La película Avatar ha batido todos los récords de taquilla en nuestro país, con 40,3 Millones de Euros. James Cameron (su director) se ha batido a si mismo, pues la siguiente película en el ranking es Titanic con 40,1 Millones de Euros en España. Estamos hablando de 5 millones de personas en nuestro país. El fenómeno tiene una envergadura tal que, a nivel mundial, en sólo dos semanas superó los $ 500 Millones (el presupuesto que se empleó para llevarla a cabo) y entró en plena fase de beneficios. ¿Puede imaginar lo que eso está suponiendo para el grupo formado por director, productores, etc.?

Al margen de que le pueda o no gustar la película, quiero aprovechar el fenómeno 'Avatar' para explicar el alcance que tiene el modelo de distribución del Network Marketing. Yo la he visto, me encantó y la recomiendo con pasión).

Animo a toda persona ajena al mercado en redes, sobre todo aquellas que incluso tienen rechazo, a que durante unos minutos, baje la guardia, deje a un lado la híper reactividad contra lo nuevo, y por supuesto deje a un lado las excusas o las críticas basadas en suposiciones, experiencias traumáticas en otras áreas, etc. ¿Podrá hacerlo? Limítase a seguir el hilo y observe el potencial.

Entre las razones de tan tremendo éxito, asumiendo la evidente calidad y originalidad del filme, está el fenómeno "Boca-a-Boca", unido al hecho de que el producto (una película en 3D) se convierte en casi único al poder verse solamente en salas con gafas específicas (al menos lo era cuando apareció en las carteleras, puesto que no habían llegado aún las televisiones en 3D). En definitiva, ya tenemos nuestros ingredientes para el símil: Un producto/servicio único + "Boca-a-Boca". Tome hoja y bolígrafo si quieres sacar el máximo partido de los números.

1. **El comienzo**. Imagine que, de todas las personas que conoce y a las que recomienda que vayan a ver la película, sólo un número concreto definitivamente la ve – elija el número que usted quiera (5 ó 6 por ejemplo – no hace falta un gran número). Ahora piense qué supondría para usted que James Cameron le pagara una comisión por cada persona que finalmente vio la película gracias a su recomendación. Esto es el primer escalón de beneficios del Network Marketing y es utilizado por muchas otras compañías que NO son del sector del mercado en redes (aseguradoras, telefonía, Internet, bonos de descuento en el sector hostelero, etc.)

2. **Expansión del fenómeno**. Vamos más allá. Imagine ahora lo inevitable: sus conocidos que fueron a ver la película le llaman entusiasmados para darle las gracias por tan buena recomendación. Sin solución de continuidad estas personas van a recomendarla a su círculo de contactos... No sé... ¿A cuántas personas se lo dirán? ¿Cuántas irán finalmente a verla? – Las que sea... da igual Sólo visualice el fenómeno del "boca-a-boca". Digamos que ese grupo de X número de personas que usted no conoce van a verla porque sus contactos (a los que usted se la recomendó) se lo han dicho. ¿Cómo le sentaría que ahora James Cameron te dijera: *"Oye, que también por ese grupo de personas te pagaré tu*

comisión" ? – Bien ¿eh? Le pagan porque un día se lo recomendó a un grupo de personas y eso ha crecido por el boca-a-boca. Ya va entendiendo el poder de las redes, ¿cierto?

3. **¿Límites? Más lejos todavía.** Piense en esos 5 millones de personas en España... Imagine a cuánta gente se puede llegar a la velocidad del boca-a-boca desde sus contactos hasta 5, 6 ó hasta 10 niveles más... ¿Cómo le sentaría si James Cameron le llamase mensualmente para decirle: *"Oye que este mes en Huesca, Alcorcón, A Coruña, Valencia, Granada, Madrid, Barcelona, Cartagena, Oviedo, etc. 1.000 personas han ido a ver la película, por lo que aquí está tu comisión"* ? – Ésto tiene buena pinta ¿no?

4. **Penúltimo escalón de beneficios.** Ahora James Cameron, tal y como va a hacer en la realidad, decide lanzar 'Avatar 2'. El Network Marketing aquí funciona de manera excepcional. Imagine que un día decidió recomendar 'Avatar' a un grupo de contactos, que con el tiempo se han convertido en más de 1,000 personas. Ahora, sin tener que volver a recomendarla, todas esas personas (satisfechas con lo que vieron) decidirán ir a ver la segunda entrega. Pues... ¿Cómo te sentaría si James Cameron te llamase y dijera: *"Oye ¿qué tal? ¡cuánto tiempo desde la primera película! Le llamaba porque aquellas 1,000 ó más personas que vieron 'Avatar' han ido a ver la segunda, por lo que aquí tienes todas las comisiones de la 2ª película. El mes que viene cuando esas 1,000 personas recomienden a 2 ó 3 amigos que la vean... ya vendré con las 2,000 ó 3,000 comisiones más"*? – Si has prestado atención se dará cuenta del concepto de Ingreso Recurrente o Residual. Empezó por recomendar una película pero ya recibe ingresos porque miles de personas han ido a ver incluso

otra película del mismo director (incluso podría darse el caso de que ni si quiera usted hubiera visto la segunda entrega y aún así recibiera ingresos).

5. El colmo. Finalmente, James Cameron decide lanzar otra película pero, en este caso, abandona la saga de 'Avatar' y decide explorar otros géneros. Imagine que a usted no le gusta demasiado esta nueva cinta del director americano. No importa, pues varios miles de personas la verán, a algunos no les llamará tanto la atención, pero a otras personas sí les gustará (y la recomendarán, con los beneficios que eso implicará para usted aún no siendo la película de J. Cameron que más le guste). Desde este momento se puede entender el concepto de crear un legado. Es decir, que de por vida J. Cameron sacará películas y alguien de esa RED de espectadores, que empezó en un grupo reducido de contactos a los que le recomendó 'Avatar', irá a verla, la recomendará y usted seguirá recibiendo comisiones.

Si ha prestado atención imagino lo que estará pensando: *"¿Por qué no han hecho eso con 'Avatar' y ahora estaría recibiendo esos ingresos pasivos?"* - Lo cierto es que la industria tradicional No usa este canal al completo, sino que establece una estructura jerárquica en la que James Cameron o la Productora de turno se llevarán la mayor cantidad de los beneficios, siendo nosotros los que hemos movido el *'cotarro'* con nuestra influencia y nuestra recomendación desinteresada...

Como he dicho, en la actualidad, algunas compañías con modelos tradicionales se están abriendo al uso de este tipo de modelos para algunos de sus productos o servicios. El ejemplo más claro lo vemos en las fórmulas de tipo *"Si traes a X amigos... te regalamos tal o cual, o te damos de alta gratis, etc...."* Sin embargo, NO siguen avanzando en el modelo hasta esos niveles de pagarte comisiones por los resultados que se vayan generando de por vida. Se quedan sólo en el primer escalón (punto 1 de este apartado).

¿Entiende ahora el potencial y el alcance de este modelo de distribución? – Existen decenas de miles de compañías ahí fuera usando este modelo de distribución en las que pagan a los consumidores satisfechos por su labor de recomendación. Estas compañías sí llegan a todos los escalones. Se trata de buscar una que tenga un producto novedoso y verdaderamente bueno y que, a poder ser, esté en su fase inicial (como la saga 'Avatar' ahora mismo) para que pueda aprovechar todo lo que está por venir.

Nota final: Lo que le cuenten en contra de este modelo o lo que usted crea (del verbo creer – que no implica estar en lo cierto ni tener argumentos irrefutables) en contra del modelo no es cierto. Así de sencillo. El deporte más practicado en nuestro país – confío en que usted no sea practicante asiduo – no es el *"Sofá-ball"* sino el *"Ignorant-ball"*. Somos (o eso creemos) siempre los más *"listos"*. Hasta que llega alguien con dos dedos de frente y le da por leer la letra pequeña de las leyes dándose cuenta de que eso del Network Marketing, o Marketing de Redes Multinivel está **estipulado**, **protegido** y **amparado** por la **Ley** en nuestro país. Concretamente la *Ley 7/1996 de Ordenación del Comercio Minorista*.

Como líder usted no puede permitirse caer en las garras de la ignorancia o la desinformación, ni en los prejuicios, ni nada que pueda estar alejándolo de tan potente concepto y canal de distribución. Porque, exactamente igual que se esparce la información sobre un producto y una oportunidad de crear un proyecto empresarial, se esparce una idea. Los líderes deben ser personas en red, conectados y utilizando el poder de dicha red para liderar (recuerde todas las funciones de un líder e imagine el potencial de las redes para llevarlas a cabo)

27. Aspectos fundamentales y especiales del Mercadeo en Redes

Existen algunos aspectos fundamentales que hay que destacar para entender la esencia de este modelo de distribución, esta forma de hacer empresa, ya que estas peculiaridades del modelo son las que crean el escenario sobre el que florecen habilidades de liderazgo universales.

De manera esquemática utilizaremos otros modelos de distribución muy frecuentes y conocidos para describir aún más los detalles del mercadeo en red.

Venta convencional: el modelo que conocemos todas las personas que, alguna vez, hemos entrado en una tienda, un supermercado, unos grandes almacenes, e incluso el sector de la hostelería y la restauración. Existe un proveedor (empresa) que ofrece sus servicios y productos a los consumidores finales. En este modelo existen multitud de gastos intermedios destinados a toda la cadena y los recursos que ésta requiere para funcionar (transportistas, jefes de zona, agentes comerciales, locales, sucursales o tiendas, personal de mantenimiento, gastos fijos, salarios y sobre todo una importante cantidad de recursos destinados al a publicidad)

Venta Directa: la característica principal es que existe la figura del vendedor. Se trata de esa persona que prospecta, capta al cliente, le visita, y cierra la venta. Es también el vendedor el que debe encargarse de tener un stock suficiente de productos para poder operar de manera fluida. Este modelo requiere un perfil de ventas importantes. También existe la posibilidad, para aquellos que más venden, de crear equipos de vendedores.

Telemarketing: venta a través del teléfono.

Venta por catálogo: aunque en la venta directa también se recurre a catálogos, existen empresas que basan la gran mayoría de su negocio en la venta por catálogo.

Venta por Internet: muy de modo y con unas posibilidades muy interesantes, ya que empieza a suponer un buen ahorro en términos de ubicación física. No se necesita una oficina, ni tantos empleados, sino una web potente, un almacén y un sistema de entrega.

Franquicia: Muchas veces, por comodidad, tendemos a establecer una comparación con el modelo de franquicia. No es del todo cierto aunque sí hay algún que otro parecido.

Salvando la tremenda inversión inicial que suele suponer entrar en una franquicia de cierto renombre, el modelo de franquicia funciona, en términos muy básicos, como sigue a continuación:

La central (la empresa en cuestión) vende franquicias previo estudio de las propuesta o peticiones que le hace llegar el grupo emprendedor. Una vez que una persona o un grupo abre una franquicia de la empresa en cuestión, podrán explotar el negocio todo lo que quieran. Normalmente pagarán una cuota en concepto de royalty o "derechos" y poco más. Sin embargo, si un consumidor final que acude a esa tienda o ese restaurante, por ejemplo, le dice al encargado: *"Hola, estoy interesado en comprar una franquicia de esta empresa y abrirla en mi zona, ¿podría usted vendérmela?"* la respuesta es NO. La persona que solicitó a la central abrir una franquicia no puede, a su vez, vender franquicias a nadie más. El consumidor final del ejemplo tendrá que ir a la central y presentar su solicitud.

El **Network Marketing** participa de algunos elementos de los modelos anteriores. El resultado es uno de los modelos más brillantes de emprendimiento empresarial para la gran mayoría de personas. La clave aquí es que representa una oportunidad para muchas personas, y no está reservada sólo para unos pocos privilegiados, que gozan de determinada formación, determinados recursos, títulos, etc.

Desde el punto de vista corporativo no requiere los engorros de la venta convencional. Bastará con unas oficinas centrales, uno o varios (pocos) almacenes estratégicamente ubicados según la expansión de la empresa, una plantilla mucho más reducida de lo normal, puesto que no hay cientos de tiendas (técnicamente no hay ni una sola tienda), un buen soporte online para los procesos de compra-venta, y NO tiene gastos de publicidad (este punto es especialmente importante). El crecimiento se basa en el poder del boca a boca, o boca a oreja, de aquellos consumidores finales que, además, actúan como distribuidores. En este caso, ni si quiera estas personas tienen que contar con un inventario (como en la venta directa), ya que como consumidores su propio consumo les mantiene activos en el desarrollo de su negocio (asumiendo que se cumplen las condiciones de la Ley).

Desde el momento en que una persona se convierte en consumidor-distribuidor, ésta podrá generar ingresos gracias a expandir la red de consumidores de la empresa en cuestión. ¿Cómo se hace eso? – Muy sencillo. Digamos que usted es consumidor-distribuidor de *'Producto-A'* y le recomienda, o le vende, o le ofrece el producto a otra persona que decide que quiere consumirlo también. En ese momento usted pone en contacto a esa persona con la empresa central y se acabó (este proceso se conoce como patrocinar, esponsorizar, firmar, etc.). Todo el consumo que ese nuevo cliente haga de por vida, le reportará una comisión determinada según el plan de compensación de cada empresa.

Así mismo, usted puede compartir la oportunidad de convertirse en consumidor-distribuidor a otras personas. En caso de encontrar a alguien interesado, de nuevo usted lo patrocinará, o lo firmará como un nuevo consumidor-distribuidor en la red, con las comisiones que se deriven por ello. En este caso, el nuevo consumidor-distribuidor que ha entrado a formar parte de la red de la compañía, bajo su patrocinio (usted será siempre su sponsor o patrocinador), tendrá la oportunidad de seguir haciendo lo mismo que usted – expandir la red de consumidores – con la ventaja de que el volumen de ventas que se generan en la red de este nuevo distribuidor, formará parte del volumen total de su propia red (la que usted está construyendo). Dependerá del plan de compensación de cada empresa el que usted reciba determinados porcentajes en forma de comisiones de toda la red. **Lo que debe cumplirse estrictamente para hablar de mercadeo en red de forma legal**, es que el plan de pagos esté diseñado de modo que cada distribuidor tenga posibilidades reales de generar más ingresos que la persona que le patrocinó. Es decir, que los ingresos estén basados en el rendimiento, no en el lugar que se ocupe en la red.

El resultado final, desde un punto de vista macroscópico, es una **red de redes que se duplica a si misma y crece de manera más o menos estable** (no de manera matemática como muchos detractores creen). Al fin y al cabo, lo que está teniendo lugar es que hay gente que utiliza el producto de manera más o menos continuada (consumidores), y gente que lo utiliza pero que, además, se encarga de expandir la red (consumidores-distribuidores). Como en todos los ámbitos de la vida hay un continuo flujo de personas que son consumidores sólo temporalmente, distribuidores que empiezan y abandonan, y distribuidores que alcanzan resultados importantes y son responsables directa e indirectamente de grandes crecimientos y resultados para la compañía, con lo que reciben comisiones acordes a tales resultados.

Se dice que el modelo de Mercadeo en Redes es un modelo **justo** (recibe ingresos según el valor que usted aporta al mercado), **lucrativo** (potencial de ingresos prácticamente infinito) y **ético** (hablaremos más delante de la ética del mercadeo en redes y la ética del líder)

Respecto a la similitud con el modelo de franquicia, el mercadeo en red tiene algunas ventajas muy competitivas. En el Network Marketing, partiendo de la base de que el consumidor final es quien hace las veces de distribuidor, y de que no paga nada de royalties, sino que únicamente hace uso del producto (fue su decisión en primera instancia), aquí sí tenemos la posibilidad de "vender franquicias". Como hemos visto, el consumidor-distribuidor puede expandir la red de consumo de la empresa incorporando a un nuevo cliente, que también quiera ser consumidor-distribuidor.

La clave fundamental es que el protagonista de todo el modelo, el motor del sistema, es también – o quizá sea mejor decir: primeramente – un **consumidor final**. Este suele ser el punto más difícil de digerir para los neófitos. Sobre todo se convierte en un verdadero obstáculo cuando el motivo de esa falta de comprensión radica en aspectos relacionados con el ego, y con la absurda sensación de que "me están vendiendo la moto de que compre o utilice estos servicios". Si usted tiene delante información acerca de un producto y una oportunidad de crear su propio negocio de mercadeo en red, entienda que primero deberá decidir como consumidor, sin egos, sin reticencias. Por tanto, tome la decisión de si el producto o servicio es de su agrado y si lo quiere aprovechar, con o sin oportunidad de negocio añadida, tal y como utiliza actualmente sus bares y restaurantes favoritos, como cuando va al cine a ver la película que usted quiere, o cuando decide comprar determinada ropa.

Si decide que quiere usar el producto, entonces – sólo entonces – es el momento de hablar sobre la posibilidad de emprender su proyecto en esta extraordinaria industria.

Para finalizar presento una tabla comparativa entre los dos modelos que más comúnmente se confunden y que, a efectos prácticos, son bastante diferentes.

Venta Directa	Mercado en Redes
Perfil 100% de ventas	Casi cualquier persona
Formación	Formación durante la acción
Unos pocos venden mucho	Muchos hacen "un poquito"
Sólo algunas personas pueden hacer equipos de vendedores	Todas las personas tienen la oportunidad de crear redes
Su éxito depende del esfuerzo y sacrificio de muchos	Obtiene éxito ayudando a otras personas a conseguirlo
Ámbito local	Ámbito global

28. El Mercadeo en Red como expresión de ética, trabajo en equipo, y de la famosa *"Universidad de la Vida"*

En apartados anteriores hemos dejado claro qué es el Network Marketing. A partir de ahora nos centraremos en las habilidades que en él se desarrollan y que tienen total aplicabilidad al liderazgo en general. Por lo tanto, desearía que usted leyera los siguientes apartados como algo más que un modelo o canal de distribución de productos, entendiendo que el sector del mercadeo en red, o mercado multinivel, reúne una serie de características que lo hacen especial en cuanto al tema que ocupa este libro: el liderazgo.

Aquellas personas que desarrollan algún proyecto en este sector y está en contacto con el tipo de formación, las habilidades que han de desarrollarse, el tipo de persona en que hay que convertirse para alcanzar resultados y éxito, sabrá que la industria del Network Marketing, o Mercadeo en Red es una auténtica fábrica de líderes. Es, sin lugar a dudas, una de las formas que adopta la tantas veces aclamada "universidad de la vida".

En la tabla comparativa entre venta directa y mercadeo en redes dijimos que, en el mercado multinivel, el éxito se alcanza ayudando a tu equipo a alcanzarlo.

La naturaleza de los mejores planes de compensación del sector provoca lo que han hecho llamar comportamiento correcto. Esto no quiere decir más que, para obtener resultados en su proyecto, usted tendrá que desarrollar las habilidades que le permitan ayudar a otras personas a iniciar sus proyectos y obtener resultados.

Poder decir que una persona obtiene más resultados y con ello más ingresos y bonificaciones, cuanto mayor es el número de personas a las que está ayudando, directa e indirectamente, a conseguir resultados y mejoras en sus circunstancias, gracias a la oportunidad que usted ofrece, eso es algo especial. No todos los sectores poseen esta naturaleza tan ética.

La competitividad está presente en el mercadeo en redes, pero es una competición personal que existe en un nivel de tipo "Juan Palomo" por así decirlo, contra uno mismo, contra nuestras limitaciones, contra nuestra falta de constancia, contra nuestro miedo al rechazo y a ser señalado, contra nuestra frustración... Por eso grandes egos de otros sectores desprecian el mercado en redes o ni lo intentan. Es muy duro exponerse a que los resultados digan cuál es nuestro nivel de desarrollo personal, nuestro verdadero nivel de liderazgo, etc. Es un trance por el que muchas personas no quieren pasar.

Los grandes casos de personas con resultados absolutamente extraordinarios (completamente fuera de común) en este sector, coinciden en algunos elementos fundamentales dentro del campo de los valores y capacidades como la integridad, la persistencia, el compromiso, la humildad y la honestidad.

Sabemos que la gente no hará lo que usted diga, sino lo que usted haga. Por tanto, es especialmente importante no mentir, ni maquillar resultados, no romper a la ligera los compromisos con el equipo, no abandonar a la primera de cambio y tener la humildad suficiente para aceptar que debemos ser enseñables.

Imagine ahora una persona, totalmente ajena a todo lo que estamos tratando aquí, a la que le muestran esta serie de ideas (no mentir, ni maquillar resultados, etc....) y se le pide que indique a qué figura o figuras (puede indicar varias) son atribuibles como ideales, a un líder, a un detective privado, o un distribuidor del sector del mercado multinivel. ¿Cree usted que pensará que un distribuidor de una compañía que comercializa unos productos posee esos valores? – Lo más probable es que indique que el líder, idealmente, debería cumplir esos preceptos, pero no cabe esperar lo mismo de un distribuidor. Sin embargo, la realidad es que el Mercado en Redes Multinivel exige el desarrollo de habilidades que, en si mismas, son inherentes al desarrollo personal y al liderazgo.

Finalmente, me gusta decir que el Mercado en Red constituye en si mismo un ejemplo claro de la famosa "Universidad de la Vida", pues nos lleva por un proceso en el que se exaltan las experiencias relacionadas con la conducta humana, para lo bueno (el valor de las relaciones personales, el compañerismo, el valor de la persistencia, la determinación, el ejercicio de la autodisciplina, el estudio, etc.) y para lo malo (también es una aventura en la sufrimos el abandono de compañeros, nos arriesgamos a sufrir la traición o la hipocresía). Podríamos establecer un símil muy potente pare entender qué representa, en materia de desarrollo personal, emprender una aventura en el Mercadeo en Redes.

Imagine usted, o compare con su experiencia personal si usted pasó por la universidad, que decide estudiar una carrera para labrarse un futuro mejor. En mi recuerdo perfectamente ese momento. Imagine que ha seleccionado el sector en el que quiere ganarse la vida y se pone manos a la obra.

Lo ocurre desde que seleccionamos qué vamos a estudiar pasa por invertir una cantidad importante de recursos (piense en todos los libros, matrículas, material y equipamiento, fotocopias, cursos y seminarios complementarios, etc. que ha pagado a lo largo de toda una carrera universitaria). Usted también habrá invertido una ingente cantidad de horas de estudio – NO remuneradas, por cierto – para lograr superar pruebas (algunas más duras que otras). No debemos olvidar que usted ha sacrificado ocio y tiempo libre basándose en la responsabilidad que tenía consigo mismo y el compromiso adquirido con su meta de ganarse la vida en el sector que usted seleccionó. ¿Tiene una imagen mental de todo lo que ha supuesto su carrera? – Ahora recuerde el momento en que finalmente recibe el tan ansiado título que certifica que usted ha hecho todo eso, que usted ha sido el protagonista de tan épica hazaña por conseguir unas habilidades y unas capacidades que le permitirán ganarse la vida en un sector concreto. ¿Sabe qué hay después de una carrera universitaria, y máxime en los tiempos que corren actualmente? – Para la mayoría de la población no hay nada más que un nuevo comienzo que, en términos de resultados y recompensa, tiene como punto de partida la nada. Así es la realidad y la aceptamos. Desde ese momento, después de 5 años de preparación iniciamos nuestra andadura y nuestro ascenso en el escalafón del mundo laboral.

El Mercadeo en Red, afrontado con seriedad y con un promedio de 8 – 12 horas semanales, en los "primeros cursos" (1 ó 2 años), que pasan a ser 15 ó 20 dependiendo de sus objetivos, representa una "carrera" de entre 5 y 7 años hasta lograr convertirse en un profesional de nivel alto. ¿Sabe cuál es la principal diferencia? – Que durante esos años de trabajo arduo, estudio, intentos fallidos, primeros aciertos, inversión en material, eventos, y formación, etc.... usted está generando resultados que se traducen en experiencia e ingresos. De modo que, cuando completa los 5 – 7 años, usted está en condiciones de retirarse, puesto que haber llegado a ser un profesional del Mercadeo en Red le puede estar suponiendo, siendo "realistas", un nivel de ingresos residuales equivalente a entre 2, 4, ó incluso 5 veces el salario mínimo interprofesional (evidentemente todo dependerá de su nivel de desempeño, situaciones personales, etc....). Lo esencial es que entendamos el potencial.

Si nos olvidamos del mercadeo en redes ahora, y nos centramos únicamente en el liderazgo en si, debemos entender que nuestro desarrollo como líderes será como una "universidad de liderazgo". La razón por la que he incluido tanta información sobre Network Marketing es porque he llegado a la conclusión de que es una forma factible, compatible y real de desarrollar habilidades de liderazgo, además de muchas otras áreas del desarrollo personal, mientras generamos recursos, que bien podemos reinvertir en nuestra formación, o nuestras metas personales, incluso nuestros compromisos más filantrópicos.

Con este apartado he pretendido despertar su consciencia hacia este sector que tanto potencial tiene para enseñarnos a liderar, a crecer y ayudar a otros a conseguir lo mismo, a través de un patrón de actuación ejemplar, tal y como se le exige a los buenos líderes.

Sólo por la profundidad y beneficios en el plano ético y del trabajo en equipo que posee el sector del Network Marketing, invitaría a cualquier persona – sea cual sea su sector, su pasado y su situación actual – a que se "asomase" a una de estas oportunidades, se enfrentase a sus retos y con ello aumentase su nivel de desarrollo personal.

29. Escepticismo Vs. Falso Escepticismo... posiblemente la línea que nos separa de grandes oportunidades.

En el origen de grandes movimientos, uno de los ingredientes que se suman a la indignación, a la frustración, o la rabia, es el escepticismo. Una persona con suficiente autonomía, por supuesto un líder, no dan nada por sentado. No aceptan automática – y dogmáticamente – todo lo que le presentan. Poseen la capacidad de dudar o desconfiar a priori.

Al igual que analizamos el concepto de liderazgo, veamos qué dice el diccionario de la Real Academia Española de la lengua.

Escepticismo:

1. m. Desconfianza o duda de la verdad o eficacia de algo.

2. m. Doctrina de ciertos filósofos antiguos y modernos, que consiste en afirmar que la verdad no existe, o que, si existe, el hombre es incapaz de conocerla.

Para el tema que nos ocupa nos centraremos más en la primera acepción, e incluso avanzaremos con algunos matices la idea que quiero transmitirle.

No me cabe la menor duda de que, en el campo del liderazgo y el desarrollo personal, el escepticismo es un buen ejercicio mental. Dudar y desconfiar de algo a priori puede ser interesante. Sin embargo, pienso que si no añadimos altas dosis de curiosidad no habrá crecimiento ni progreso. Si después de dudar no nos surge el impulso de querer comprobar e investigar, no llegaremos muy lejos. Albergaremos muchas dudas y mucha desconfianza, eso es todo. Por lo tanto, y en general, el escepticismo (con el añadido de la curiosidad) es una herramienta fundamental de cambio. Evidentemente, a estas alturas del libro, usted comprenderá que, en materia de liderazgo, deberíamos hacer lo posible por transferir esa actitud escéptica al grupo, tarea que resultará imposible si únicamente nos quedamos en el paso inicial de la desconfianza o la duda. Si usted duda e investiga, aclara conceptos, y comprueba realidades, tendrá un auténtico "kit" para despertar consciencias, puesto que podrá formular la duda y conectar con la gente que empezará a sumarse a esa duda, pero también podrá aportar el resultado de su investigación, con lo que su rol de líder se verá reforzado en tanto habrá ofrecido un servicio, una ayuda al grupo.

Me permito en este apartado introducir un concepto: el **falso escepticismo**. En este caso en lugar de hablar de herramienta para el progreso, estamos ante un virus agresivo que ataca con fuerza y puede dejar tremendamente agotado y debilitado a cualquier líder (si no ha cultivado otras capacidades importantes como la determinación)

Si nos fijamos en la definición anterior de escepticismo, podremos entender el falso escepticismo como aquella actitud que mezcla ambas acepciones, es decir, la duda o desconfianza, junto con una especia de adoctrinamiento para pensar que la verdad no existe o no puede ser conocida, a lo que terminan de añadir el terror o la reticencia a aceptar nuevo conocimiento Es la versión más dogmática de la acepción 2 de dicha definición, unida a un alto nivel de prejuicios y de "no querer saber".

Cuando he dicho que el falso escepticismo es un virus me refería a que muchas personas se autodenominan escépticos, como si esa condición les diera un halo de modernidad, sofisticación y pseudo-intelectualidad en el grupo, y eso se propaga como los virus. Son personas que, detrás de esa máscara de escepticismo, esconden comportamientos altamente gregarios y dogmáticos. Son esclavos de lo que creen que el camino de la iluminación, que no es otro que "no creer en nada".

En si misma, su idea de "no creer en nada" es su creencia principal, situación que es 100% respetable. Sin embargo, el falso escéptico va más allá de la mera desconfianza automática. Su actitud suele ir acompañada de un cierre total a la nueva información. Un falso escéptico es, en si mismo, verdugo y víctima del falso escepticismo. Son fácilmente reconocibles, pues viven en un continuo bucle interminable de preguntas, cuestiones y desconfianza hacia todo y todos, excepto hacia otros falsos escépticos. Incluso en casos extremos ni si quiera eso, puesto que los otros serían también susceptibles de sospecha, duda y desconfianza. También los reconocerá cuando tras formular sus preguntas o presentar su desconfianza, no escuchan o lo hacen con oídos sordos, esperando que la persona que tienen delante explique o presente la información más detallada, para volver a cuestionar y desconfiar.

Lo peor de todo es que, en términos prácticos y tangibles, no alcanzan ni la iluminación ni nada de nada. ¿Qué consigue la persona que cuestiona todo de forma automática? – Bajo mi punto de vista no consigue más que soledad, desconocimiento, y la crispación de las personas que le rodean.

La razón principal de este apartado del libro es invitar al escepticismo, pero al que se le suma la curiosidad por y para el progreso y el avance. El escepticismo que presentan quienes cuestionan el 'status quo' y avanzan en su investigación para proponer mejoras. También he incluido este apartado para alertar del grupo al que tendrá que hacer frente en más ocasiones de las que deseará. Como líder usted deberá identificarlos y tratar de no escucharlos demasiado, y no distraerse (esto es todavía más importante). La distracción es la peor de las consecuencias de pararse a "debatir" con falsos escépticos. Se verá inmerso en un continuo: *"… ¿y quién no le dice que… bla, bla, bla?"* , *"ya, pero…"* , *"no me creo nada…"* , *"yo es que soy una persona muy escéptica…"* , *"¿por qué? ¿por qué? ¿por qué?"* e infinidad de variantes. La dificultad radica en todas ellas pueden provenir tanto de personas escépticas como de falsos escépticos. La experiencia y su intuición le ayudarán a saber cuándo está ante uno u otro caso.

Concluyo mostrando mi total posicionamiento a favor del escepticismo y mi total rechazo y compasión hacia el falso escepticismo. Así, incluso me permito darle un consejo, tal y como dice el eslogan de una campaña para la cadena National Geographic: *"manténgase curioso"*

30. Argumentos de éxito a favor del mercado en redes, basados en el sentido común

Este apartado es, quizá, el más específico sobre mercadeo en redes, aunque por supuesto servirá como fuente de inspiración a cualquier líder, pues aunque aquí tratamos el asunto de las redes, bien podría ser el nuevo plan de urbanización de un ayuntamiento, o su propuesta de campaña publicitaria en la próxima junta, etc.

Quiero compartir alguna reflexión sobre un aspecto interesante y trágico en el contexto de los negocios, y más específicamente en relación con el Marketing de Redes, Network Marketing, Multi-Level-Marketing (MLM) o Mercado Multinivel (como quiera denominarlo).

Cuando evaluamos una oportunidad empresarial o de negocio (de cualquier tipo) solemos recavar información sobre el sector en el que nos moveremos, qué características principales tiene el modelo que adoptaremos, revisamos algunas estadísticas, sopesamos los riesgos, los posibles resultados, etc.

Quiero alertar de lo que a mi me parece una situación trágica que puede estar apartando a mucha gente de iniciar aventuras empresariales de gran potencial por *"comprar"* argumentos absolutamente carentes de sentido común, y más bien alimentados por el miedo, el hastío, o la pereza ante la tarea de pensar y aplicar ese poco común de los sentidos.

Ejemplo:

> Imaginemos que una compañía farmacéutica decide experimentar con un producto para aliviar el dolor y se lo administra a 100 personas (uso números redondos por comodidad). De esas 100 personas, 10 efectivamente toman el producto y notan sus efectos, quedando 90

personas con el producto en sus manos que, sin embargo, después de olerlo, mirarlo, dejarlo encima de la mesa unos días, etc.... NO se lo toman.

La crítica más mediocre afirmará que el producto de tal compañía *"falla en un 90% de los casos"* – ¿Realmente cree que eso es así? ¿Cree que se está aplicando el sentido común en esta aseveración?

Ejemplo:

¿Cuántas personas conocemos que después de algún susto, alguna apuesta con amigos, algún intento de cambio, algún fin de año, etc. deciden apuntarse al gimnasio? Muchas

¿Cuántas de esas personas se dan de baja en el gimnasio antes de 3 meses? Casi todas

¿Alguien pone en duda que el gimnasio *per se* ayuda a mejorar la salud o el rendimiento físico? Nadie. Todos sabemos lo que ocurre con quien "paga el precio" (y no me refiero a la cuota del gimnasio y las zapatillas) y se da la oportunidad de vivir la experiencia de asistir a los entrenamientos, trabajar duro, contratar un entrenador personal para maximizar resultados, salir a correr llueva, nieve o truene, perseverar en su tarea, superar los momentos críticos en los que aparece la tentación de rendirse... ¿Qué pasa con esa persona? – Que obtiene los resultados. Punto. No hace falta comentar qué pasa con aquellos que siguen y siguen durante más de 2 años... En esos casos, su vida cambia por completo.

Ejemplo: a riesgo de parecer pesado me gustaría recalcar esta situación.

> Un médico negligente lleva a cabo acciones que desembocan en la muerte de un paciente... El Gobierno, por votación popular, decide cerrar y prohibir el acceso a **todos** los hospitales del país, encarcelando no sólo al médico negligente, sino a todos los médicos colegiados de la nación, como medida preventiva y por decisión unánime de todos los votantes... ¿No encuentra algo que no cuadra en este supuesto? ¿No le parece de poco o ningún sentido común que se castigue a todo el sistema sanitario, a todos los entes relacionados con la salud, sólo porque un médico (o varios, da igual) han cometido un delito?

Ahora traslademos el mismo sentido común al ámbito empresarial. Pongamos como ejemplo dos negocios, o dos inicios de actividad empresarial:

> **1)** Abrir una franquicia de telefonía móvil (después de informarme para escribir esta apartado encuentro algunas que oscilan alrededor de los 40.000 € sólo como canon de entrada)

> **2)** Iniciar un negocio al amparo de una compañía de Network Marketing (en estos casos el inicio oscila entre 300 y 3.000 € aproximadamente, dependiendo de la compañía, el producto, el sector, etc.)

Preguntas para aplicar su sentido común Nº 1: ¿En qué modelo cree que habrá mayor número de personas que intenten construir su negocio? ¿Qué argumento, usando el sentido común, aporta para su respuesta?

La mayoría de la gente entiende que habrá muchísima más gente que intente la opción del mercado en redes, pues el riesgo que asumen en su arranque es, como mucho, 3.000 € (no estoy despreciando el dinero ni diciendo que sea poca cantidad... pero no representa un riesgo de ruina para la persona que emprende)

Sigamos con el análisis, aún igualando el número de personas que intenten una u otra opción (cosa que, repito, no es real pues mucha más gente intenta la opción del mercado en redes), y pongamos el siguiente supuesto:

100 personas inician su negocio tradicional comprando una franquicia por 40.000 €, a lo que hay que sumar la inversión inicial en el local, equipamiento, trámites, etc.

100 personas inician su negocio con la compañía de Network Marketing

Preguntas para aplicar su sentido común Nº 2: ¿Quién ha asumido un mayor grado de compromiso-miedo respecto a la aventura empresarial que ha emprendido, en función de lo que ha tenido que invertir? ¿Qué cree que hará esa persona para rentabilizar su inversión? A priori, ¿Quién es más probable que ponga más energía, tesón, persistencia, capacidad de centrarse en sus objetivos, etc.? ¿Quién tiene a un banco o caja de ahorros que le aprisiona y le hace no parar de luchar por lanzar su negocio y alejarse de la posibilidad de no poder pagar el préstamo? Todos sabemos la respuesta: aquellas personas que iniciaron la franquicia de más de 40.000 €.

Analice ahora estas dos situaciones:

La primera es que **no** mucha gente se embarca en una aventura empresarial tradicional porque no quieren asumir el riesgo (y hoy por hoy porque no es fácil conseguir el dinero aunque quiera arriesgarse). Por lo tanto, aquí **se produce la primera "criba" o selección natural**, quedando sólo un grupo más reducido de personas emprendedoras con **disposición a hacer lo que haga falta con tal de levantar su negocio y conseguir sus objetivos**... Lo cual, por sentido común, se traduce en que "muchos" lo consiguen... entorno al ¿30%? ¿20%? no lo sé con seguridad pero he oído muchas veces que entorno al 80 – 90% de las iniciativas empresariales **no** superan los 2 primeros años, por los que no es una locura que hasta un 30% de las personas que lo intentan y ponen todo su esfuerzo logren salir adelante.

La segunda es que mucha, **muchísima gente**, por diversas razones, atraídas por el riesgo nulo que implica iniciar un negocio en la industria del Network Marketing, se lanza con una **mentalidad de lotería** (*"a ver si tengo suerte y pillo algo de dinero"*), con una absurda creencia de que serán ricas en 6 meses, o que el negocio se construirá solo por arte de magia. Ésto, por sentido común, se traduce en que **mucha** gente **no** asume los compromisos consigo misma que asumen aquellos que optan por negocios tradicionales. **Mucha** gente no adopta las disciplinas, no desarrolla las habilidades y **no persevera**... En el ejemplo del gimnasio serían esas personas que **no** van al gimnasio ni si quiera la primera semana, o en el ejemplo del fármaco serían aquellos que lo tiran sin probarlo. Entonces, a ojos de ese grupo concreto de población que se caracteriza por su mediocridad, cobardía e ignorancia, parecerá que mucha gente fracasa en el Network Marketing. Esta situación es cuanto menos curiosa por dos grandes razones:

1) He escuchado varias veces que el 90% de las personas que empiezan su proyecto en el Network Marketing fracasan. ¿No es lo mismo que esa estadística tan ampliamente aceptada para los negocios en general? –

La realidad, insisto, es que del grupo inicial que inicia un proyecto en el mercado multinivel muchos desaparecen en menos de 6 meses, al comprobar que esto no es ninguna lotería. Por lo que, siendo justos, el grupo que queda es el que realmente habría que analizar y comparar con ejemplos más convencionales, lo que nos lleva a la segunda razón...

2) Si analizamos el subgrupo de personas que **deciden** "pagar el precio", desarrollar las habilidades, formarse, adoptar las nuevas disciplinas, tomar acción de forma **consistentemente**, que perseveran y se centran en cumplir sus objetivos **sin contemplar** el abandono como opción, tal y como harían en un negocio tradicional con la presión de los bancos, si analizamos este subgrupo, mucha más gente de la que imaginamos consigue resultados positivos, beneficios libres de deudas y sin presiones.

Conclusiones:

PARA QUIEN DIGA 'NO' AL NETWORK MARKETING. Cuando usted quiera rebatir a alguien que le ofrece una oportunidad en la industria del Network Marketing piénselo detenidamente porque, lo más probable, es que encuentre pocos o ningún argumento con sentido común, a excepción de un respetable: *"Muchas gracias pero no quiero"* o *"Muchas gracias pero no siento que sea el momento"*. Aún así, vigile que no esté apoyándose en una excusa. Deje a un lado, por tanto, argumentos sin sentido como *"tengo un amigo que le fue mal..."* *"No tengo tiempo..."* *"Es que es un gasto muy grande..."* *"Es que la mayoría de la gente fracasa..."*

PARA QUIEN ESTÉ DESARROLLANDO SU NEGOCIO DE NETWORK MAREKTING. Cuando desarrolle su negocio en esta brillante industria que es el Network Marketing, nutra su negocio como hacen los padres con sus hijos – con amor y compromiso. Pero también proteja su negocio como hacen los padres – con determinación, contundencia y sin temor. Para ello tiene a su disposición muchos, muchos argumentos de éxito basados en el sentido común.

31. Breve reseña histórica de liderazgo

¿Un "tostón" de historia aquí incrustado, en medio de un libro sobre liderazgo? – Nada más lejos de la realidad. He incluido este apartado para poder mostrar algunos momentos fundamentales en el desarrollo de la industria del Mercadeo en Redes. La razón es simple: representa un testimonio ejemplar de liderazgo. La consolidación de este modelo de distribución y esta oportunidad para emprendedores es apasionante, y merece la pena, al menos, tener algunas ideas sobre cómo hemos llegado a lo que tenemos hoy: uno de los últimos bastiones en materia de oportunidades legítimas, honestas, en las que la riqueza se crea cuanto más se reparte la oportunidad de generarla.

El origen está en el surgimiento de la Venta Directa, destacando en 1890 la aparición de la empresa 'California Perfume' que, aproximadamente 50 años más tarde, cambiaría su nombre por 'AVON' (dese cuenta de cuántos años lleva esta compañía en el mercado, es realmente impresionante). A partir de ahí fueron muchas las empresas que siguieron este nuevo y eficiente modelo ventas. En 1915 el Dr. Forrest C. Shaklee fundó una de las primeras, si no la primera empresa de suplementos nutricionales – 'Shaklee' – que vendería sus productos bajo el modelo de venta directa, llegando incluso a ofrecer comisiones a aquellas personas que recomendasen dichos productos ("boca-aoreja"). 'Stanley Home Products' (1931) y 'Nutrilite' (1934) son otros grandes ejemplos.

¿Ha reparado en el detalle de que algunas de ellas son compañías que surgieron tras la Gran Depresión del 29? No hay duda de que este modelo es el resultado de personas que, en la crisis, identificaron una oportunidad.

A modo de inciso saber que 'AVON', en 2010, ocupaba el puesto número 1 en el ranking de las 100 mejores compañías de venta directa y Network Marketing, con una facturación de $ 10.900 millones anuales.

Damos un salto a 1945 cuando una vendedora de 'Stanley Home Products', llamada Wise Brownie, emprende su propia aventura y se asocia con Earl Tupper para fundar 'Tupperware®' (otro ejemplo de la valentía propia de los líderes, y que hoy ocupa el séptimo puesto entre las 100 mejores compañías del mundo con una facturación en 2010 de $ 2.300 millones)

Desde la infancia, Rich Devos y Jay Van Andel eran amigos inseparables. Ambos sirvieron en la II Guerra Mundial y, a la vuelta (1949), ante la duda sobre cómo rehacer sus vidas, decidieron hacerse vendedores para 'Nutrilite'. Durante los siguientes 10 años aprenderían y desarrollarían las habilidades necesarias para obtener grandes resultados. Tal fue su crecimiento profesional y personal, que en 1959 fundaron su propia compañía: 'Amway'. Aquí se inicia el cambio y la evolución definitiva que terminaría por crear el sector que conocemos hoy como Mercado en Redes o Network Marketing (más allá de la venta directa).

Ya que estamos tratando el tema del liderazgo y el desarrollo personal, cabe destacar como en 1963, otra vendedora emprendedora de 'Stanley Home Products' – la señora Mary

Kay – que había estado aprendiendo y desarrollándose – funda su propia empresa, 'Mary Kay'.

En 1972 'Amway' compra 'Nutrilite'. Analice con atención el hecho: los dos chicos que volvieron de la guerra, que se hicieron vendedores para 'Nutrilite', que aprendieron el oficio durante 10 años, y que fundaron su propia empresa, ahora compran la compañía en la que ellos mismos empezaron. Esto es uno de los ejemplos más claros en los que el alumno supera al maestro.

El Mercadeo en Redes explota y entre ese año, 1972, y 1975 aparecen cientos de nuevas compañías de venta directa y Network Marketing. El revuelo que esto estaba causando, y los aplastantes resultados de 'Amway' desembocan en el primer gran obstáculo de la industria: el Gobierno denuncia a la empresa 'Amway' por presunta estafa piramidal.

Mientras duró el juicio (1975 – 1979) se produjo una fase de suspenso. El modelo del Mercadeo en Red o Network Marketing se sometía a examen. Miles de consumidores se preguntaban si podrían seguir utilizando los productos de las diferentes compañías. Miles de vendedores y consumidores-distribuidores independientes se preguntaban si perderían todas las comisiones que estaban recibiendo en aquel momento. Nadie movía un dedo. Nadie se atrevía a emprender su propio proyecto en una empresa de Mercadeo en Red. Sin embargo y curiosamente, tampoco nadie abandonaba las compañías en las que estaban construyendo sus negocios. En 1979 se daría fin a la incertidumbre: 'Amway' gana el juicio y la ley declara que *"el programa multinivel de la empresa 'Amway' representa una oportunidad legítima de negocio, diferente de los ilegales esquemas en pirámide."*. Se habían sentado las bases que limitaban las fronteras legales del sector. La ley es conocida como *"Amway Ruling"*. Se establecían así las "reglas del juego".

'Amway', es la empresa número 2 en el *Top-100* del sector, y facturó en 2010 $ 9.200 millones.

Entre 1979 a 1982 nada más y nada menos que 2 millones de personas iniciaron sus proyectos en la industria del Mercadeo en Red. Es evidente que había un deseo ferviente – pero enmudecido – por salir adelante y emprender.

En la década de los '80, con el desarrollo de las nuevas tecnologías y la comunicación, los sistemas de pago podían complicarse y resultar más lucrativos. Es la época en la que aparecieron compañías que hoy también ocupan la lista de los "Gigantes" de la industria. Empresas, como por ejemplo, 'Herbalife' (1982) – puesto número 5 en el ranking con casi $ 3.000 millones anuales – o 'NuSkin' (1984) – puesto 10 con $ 1.500 millones. Ya a principios de los '90 llegan nuevas compañías como 'ACN' que también encontrarían su lugar entre los grandes... (en 2010 facturó más de $ 500 millones) Finalmente en la primera década del Siglo XXI nacieron algunas compañías que están llamadas a ser los próximos gigantes, como 'Monavie' (2005), 'Agel' (2005), Stemtech (2005), Organo Gold (2008), o 'ASEA' (2010), por citar algunas entre muchas otras.

El panorama en España en la década de los 80 era el *"caldo de cultivo"* perfecto. El total desconocimiento acerca del sector del Mercado Multinivel, junto con la "picaresca española" de algunas personas, no tenía más remedio que terminar en problemas. Así fue lo que ocurrió cuando un determinado grupo de distribuidores de Amway decidieron utilizar dicha compañía como tapadera para cometer fraude piramidal con la comercialización de servicios y productos (distintos a los productos oficiales de 'Amway'). Afortunadamente para todos y para el sector en si mismo, se les cazó y expulsó de la empresa. Sin embargo, es muy común en la mayoría de la población practicar el falso escepticismo, por lo que lo sucedido con 'Amway' dejó una huella demasiado profunda que se tradujo en el rechazo a cualquier oportunidad relacionada con el Mercadeo en Redes. El verbo favorito de un falso escéptico que encuentra un ejemplo que apoye su argumentación es 'generalizar', y eso fue lo que ocurrió, se generalizó la idea de que el Mercadeo en Red era sinónimo de venta ilegal en pirámide. Una auténtica pena.

La delicada situación en nuestro país hizo que el grupo de personas que se encontraban construyendo sus proyectos al amparo de empresas legítimas, como la propia 'Amway' u otras citadas anteriormente, hicieran suficiente presión como para conseguir que se regulara el sector en España. Así, el 15 de Enero de 1996 – al igual que ocurrió en 1979 en Estados Unidos – se publicaba en el Boletín Oficial del Estado la Ley 7/1996 de Ordenación del Comercio Minorista que, como hemos visto en páginas anteriores, regula la venta multinivel (Art. 22), desmarcándola de las ilegales pirámides.

Me gustaría decir que ese fue el punto de inflexión de un sector que promueve el desarrollo personal y el liderazgo como pilares fundamentales para el logro de resultados y la consecución de metas. Pero no fue así. Aún hoy somos testigos de los prejuicios, la desinformación o la ignorancia acerca de qué es, y qué no es, el Mercadeo en Red. El futuro, la crudeza de la realidad socioeconómica mundial, la necesidad vital de salir adelante y el espíritu emprendedor latente en muchas personas, me permiten confiar en que el Network Marketing resurgirá como una verdadera fuente de oportunidades para aquellas personas que aún se permiten soñar, que no han tirado la toalla, y que están dispuestas a "pagar el precio" para alcanzar el éxito. Muchas de esas personas aún no saben que serán líderes, aún no les han ofrecido la oportunidad, o si lo han hecho, no han sido capaces de verla. Pero lo harán, más tarde o más temprano, lo harán.

Hasta aquí este apartado que aunque trata pasajes de la historia de un sector del mundo empresarial, encierra dentro de si ejemplos reales de trabajo duro, de constancia y persistencia, elementos clave del liderazgo en general. Si usted quiere leer más acerca de las compañías nombradas y otras muchas, o quiere ver ese ranking que he mencionado a lo largo de estos párrafos, busque el suplemento especial publicado en *The Wall Street Journal* titulado "The Ultimate Social Business Model" (traducción: "El último modelo de negocio social").

32. Nadie aprende a montar en bicicleta leyendo un manual. El Mercadeo en Redes, como el liderazgo, se aprende haciéndolo

Una de las características más destacables del mercado en redes es que, para alcanzar un nivel de maestría, hay que "tirarse a la piscina" o "montarse en la bicicleta". Esto es natural y, en realidad, lo tenemos muy bien aceptado como especie. Aunque ¡ojo! que lo de tirarse a la piscina también tiene sus complicaciones, empezando por algo tan sencillo pero importante como lo que nos propone J. L. Almunia que no es más que comprobar que haya agua en la piscina. Es decir, cuando deseemos iniciar nuestra andadura en Pro de unas metas, y busquemos comenzar un movimiento, un proyecto, liderar a un grupo de personas para conseguirlo, etc. no está demás comprobar si el grupo humano al que nos dirigimos, la meta en sí y hacia lo que nos orientamos tienen substancia, comprobar sus necesidades y expectativas, para poder así ver si hay coherencia entre lo que pretendemos, lo que ofrecemos, y lo que espera y necesitan.

También quiero aclarar que defiendo a ultranza el estudio en profundidad de aquello en lo que queremos brillar, y en lo que deseamos alcanzar un nivel de maestría elevado. Por lo tanto, me posiciono a favor de la lectura de manuales, asistencia a cursos, obtención de certificaciones, etc. La idea de este apartado gira entorno a cómo aprender a ser lo que hemos estudiado o estamos estudiando.

En el campo del liderazgo, usted no termina de leer un libro como éste, o finaliza un curso de liderazgo, se va a su casa y a la mañana siguiente se despierta con miles de seguidores, con la capacidad de planificar, inspirar, entrenar a otros, liderar a su equipo en la consecución de metas más elevadas, etc. Es muy probable que, incluso, se levante y se vea en un estado de mayor confusión, si cabe, en comparación con cómo estaba antes. Sin embargo, por una cuestión de fe (en si mismo y en lo que ha aprendido y lo que conoce ahora), usted empezará a poner en práctica – como buenamente pueda – lo que leyó, lo que escuchó, lo que dicen los apuntes o el manual... Sólo así empezará su desarrollo como líder, o su cambio hacia un mejor liderazgo en caso de que parta de cierto nivel previo.

El Network Marketing se caracteriza porque nos permite desarrollar el proyecto y trabajar en pos de nuestros objetivos en un proceso triple y simultáneo:

1. **Aprender a hacer lo que hay que hacer**. Su intuición, el manual o plan de negocio que la mayoría de empresas tienen para quien recién empieza su proyecto, su sponsor o algún líder del equipo, eventos de formación a los que puede asistir para arrancar con su proyecto... Los recursos a su alcance serán numerosos.

2. **Enseñar a otros a hacer lo mismo**. Gracias a las herramientas que la mayoría de compañías poseen (vídeos de formación, presentaciones estandarizadas, eventos de formación, folletos, etc.) usted podrá enseñar a otras personas a hacer lo mismo que está usted haciendo para emprender su proyecto. No necesita esperar a ser un experto, puede hacerlo a la vez. Ya

llegará el día en que sea usted quien imparta las formaciones y las presentaciones.

3. **Enseñar a otros a enseñar a hacer lo mismo**. Este es el momento donde tiene lugar la "magia" de las redes, la magia del liderazgo puro. Esto es, cuando usted ayuda a que otras personas desencadenen su potencial y "vuelen solos". Empoderar es una de las funciones más enriquecedoras del líder. En el caso del Network Marketing, cuando se alcanza y consolida plenamente este nivel, los resultados son realmente estratosféricos.

33. La fórmula del Network Marketing... ¿seguro que sólo es aplicable a este sector?

"Liderar a un gran número de personas para que lleven a cabo acciones simples consistentemente, durante un largo periodo de tiempo."

Analicemos cada elemento de esta poderosa ecuación y no hará falta decir mucho más acerca de las aplicaciones en otros sectores.

Liderar. Aquí no se ha dicho ordenar, ni supervisar, ni orientar... se emplea la palabra liderar, puesto que es una aventura a la que usted debe conseguir que le sigan de forma natural.

Un gran grupo de personas. Hoy por hoy, nadie discute el poder de la masa crítica. En un mundo superpoblado y que sigue creciendo, nada ocurre a pequeña escala y el "pastel" del éxito en el Network Marketing, así como otros ámbitos que requieren construir una visión y transferirla a los demás, como los movimientos políticos y sociales, ese pastel es más grande cuánto más gente participa. Por lo tanto, no hay lugar a pensamientos del tipo: *"yo conozco a la gente adecuada, tengo unos cuantos contactos clave que moverán esto muy bien"* – No funciona, pues se requiere mucha gente. Estamos hablando de compartir a lo grande.

Acciones simples. Este elementos es indispensable para que la idea y la oportunidad se propaguen con velocidad entre el grupo. Se trata de que ese gran número de personas sepa exactamente qué acciones concretas debe llevar a cabo, y que éstas sean simples, para que haya una alta probabilidad de que mucha gente podrá hacerlas. En el Mercadeo en Red la regla del juego es lo que llaman Duplicación. En contraposición a esta idea de llevar a cabo acciones simples, está la visión de los grandes empresarios o grandes vendedores que tienen habilidades singulares, complejas, con las que embelesan a los mercados, al público, etc. pero que son habilidades y acciones imposibles para que un gran número de personas las pueda llevar a cabo. Por lo tanto, la forma, el sistema de trabajo que sigamos para propagar nuestra idea, la oportunidad que ofrecemos, la visión, etc.

¡Ojo! En ningún momento menosprecio el poder de las acciones singulares o las habilidades de grandes profesionales (su trabajo les ha costado llegar a dominarlas). Simplemente apunto que en lo que a redes se refiere, no funcionan a medio y largo plazo y, como suele decirse en el argot del mercadeo en red, *'No importa si funciona, lo que importa es que sea duplicable'*. Creo que eso lo explica todo. Nadie duda que causará un impacto impresionante mostrar la información en grandes pancartas atadas a avionetas que surquen la ciudad, o en caros anuncios o presentaciones de alto-standing… lo que ocurre es que es mucho más simple entregar un DVD que contenga la información, presentar la idea en un entorno como pueda ser su propia casa, o la cafetería, o el centro de trabajo… También podemos utilizar racionalmente los recursos que ofrece Internet y el marketing on-line, siempre y cuando lo que llevemos a cabo pueda repetirlo cualquier otra persona. Es decir, y para resumir, cualquier cosa realmente simple y duplicable, eso es lo que debe quedarnos claro.

Ahora imagine el tremendo refuerzo y el beneficio que supondría para un líder aplicar estos conceptos para llegar a mucha gente y propagar una visión, una misión, una idea, un proyecto.

Consistencia. Ya hemos hablado de lo importante que es esta capacidad y no necesita más justificaciones. No vale liderar a un gran número de personas, para que lleven a cabo acciones simples pero lo hagan durante una semana, luego sólo tres días de la siguiente, en la tercera semana sólo lo hacen el fin de semana, en la cuarta vuelven a hacerlo durante toda la semana pero entonces sólo hacen la mitad de las acciones acordadas... Así no vamos a ninguna parte, salvo a la frustración y la búsqueda de excusas para justificar la falta de resultados. Pasa exactamente lo mismo como líder. Usted no puede liderar hoy pero mañana no, y la semana que viene sólo por las tardes. Si decide ser líder y liderar, lo hará 24/7 (24 horas al día; 7 días a la semana)

Durante un largo periodo de tiempo. Aquí la variable tiempo busca superar el umbral de ser una mera moda, para pasar a dejar huella, construir un legado que se perpetúe a si mismo y sea un ejemplo vivo de la obra bien hecha. No se conquistan unas libertades y unos derechos para que se disfruten un par de años más y luego se vuelvan a perder... Se lidera una lucha para conseguir cambios permanentes.

Creo que, al desmenuzar la ecuación del éxito en mercadeo en redes, podemos imaginar muchos ejemplos que verían multiplicados sus resultados gracias a tener claro este esquema.

Para terminar, aprovecho para remarcar la importancia de tener bien clara y definida nuestra visión, la misión que queremos poner en marcha, nuestras metas y objetivos, así como el plan que seguiremos. Sólo así, y con esta ecuación en mente a cada paso, estaremos aumentando las posibilidades de éxito.

34. Hará cosas por las que no reciba nada a cambio pero ahí están las semillas

Este es un apartado especial, sólo para aquellas personas que tenemos esa sensación, el impulso de querer lanzar algún tipo de proyecto o idea como sea, y que nos frustramos ante los obstáculos y la falta de resultados…

Seré directo en la idea que quiero compartir… Por lo tanto también agradeceré que usted se sumerja rápidamente y que realmente abra su mente a entender e interiorizar dicha idea, ¿de acuerdo?. Utilizaré como "escenario" el sector del mercado en redes pues es uno de los ejemplos más potentes del desarrollo de líderes.

Como en cualquier otro proyecto de tipo empresarial o negocio, todas las personas que lo intentamos no nos vamos a hacer ricas – "¿Cómo? ¿está loco? ¿cómo me dice eso?" – Muy sencillo: no vale con hacer algunas cosas, conocer a un par de personas que tengan potencial, ir a un par de eventos para generar riqueza de manera honesta y ser libre. Estamos hablando de un proceso de selección que implicará a mucha gente quedándose en el camino con 400, 600, 1.200, 2.000 € mensuales o lo que sea… En este punto muchas personas dirán *"bueno yo ya me conformo con eso"* – y está bien – De hecho, está fenomenal (esa es la esencia de este tipo de oportunidades). Pero esas personas no son las que pagarán el precio de alcanzar la libertad financiera, o no desarrollarán el liderazgo concreto que haga que mucha gente les siga en ese mismo camino de emprender su proyecto de mercadeo en redes. ¿Entiende cómo va, más o menos, el "juego"? En apartados posteriores exploraremos el concepto de éxito y cómo va más allá de aportar más valor al mercado, y pasa por convertirnos en personas más valiosas a todos los niveles.

El Network Marketing, su naturaleza, ofrece un escenario muy fértil para personas que deciden sembrar semillas de desarrollo personal que florezcan en todos los ámbitos, incluido el profesional y el desarrollo del liderazgo, obviamente.

Será en esa especie de proceso de selección natural, aquellas personas que decidamos y elijamos conquistar nuestras metas (porque a estas alturas usted y yo sabemos que eso es algo que se decide y se elige, y no cuestión de suerte) y erigirnos como líderes, nos tendremos que convertir en personas y profesionales muy, muy valiosos. Le adelanto que:

- Tendremos que trabajar más duro de lo normal: No hay atajos para el éxito. No los hay. Lo que sí hay es una enorme cantidad de señales que nos distraerán prometiendo esos atajos, invitando a no seguir y quedarse donde estemos.

- Deberemos crear los fundamentos (a nivel profesional, pero también y sobre todo a nivel personal), amueblar algunas áreas mentales que necesitan desarrollarse para conseguir esos resultados) y así construir resultados duraderos.

- Aprender sobre el sector (Network Marketing en nuestro ejemplo, o el sector en el que queramos movernos). NO hablamos de saber lo que dice la ley, o lo que se explica en el plan de compensación... Hablamos de entender la industria, las tendencias de los resultados, lo que suele ocurrir, los momentos que suelen repetirse, las historias de gente que cae por no seguir un sistema de trabajo, los momentos de dudas que asaltan a todos, los obstáculos más comunes y cómo todo eso no es más que el día a día en esta profesión.

- Desarrollar algunas habilidades, o perfilarlas y adaptarlas al Network Marketing. Por ejemplo, trabajar una lista de contactos y mejorar nuestra capacidad de socializar y crear contactos, entre otras muchas.

Muchas de las habilidades que deberemos desarrollar, si las analizamos, veremos que son fáciles... quiero decir, que no se trata de ingeniería aeroespacial ni biología molecular avanzada... Lo que sucede y pienso que es una de las claves que separa el éxito de los resultados mediocres es que, igual de fácil es hacerlo y trabajar en Pro de nuestra meta, que no hacerlo. Igual de fácil es salir a caminar los 30 minutos que usted sabe que debería para mantener su salud, que no salir y quedarse sentado.

- Regar todo con persistencia. Esta es una cualidad muy valorada socialmente pero que en el Network Marketing y en el campo del liderazgo cobra una dimensión extraordinaria.

Finalmente debemos tener presente lo siguiente:

Al principio haremos muchas cosas por las que NO obtendremos resultados que se traduzcan en ingresos o en liderazgo visible, pero luego habremos creado el escenario que nos permitirá liderar de manera fluida, o que hará posible que recibamos ingresos por cosas que ya no estaremos haciendo ni haremos en esos momentos (ingresos residuales o recurrentes). Si todo ocurre gracias a liderar a un grupo de personas en el camino que les permita crecer y alcanzar sus metas, podemos decir que estaremos creando un legado.

35. Habilidades básicas del Networker amateur... Un líder en ciernes

Una persona que inicia una aventura en el sector del Mercado en Redes debería focalizarse en las 4 habilidades básicas para emprender dicho proyecto. En si mismas, cada habilidad encierra otras más concretas, pero el conjunto puede englobarse en lo siguiente:

1. **Conocer gente**. Ni más ni menos que ser sociable, aprender a entablar conversaciones nutritivas, enriquecedoras y sinceras. Hacer las preguntas adecuadas (abiertas y honestas) y escuchar, sobre todo escuchar. Sólo esta habilidad en si misma es motivo de libros, cursos y seminarios. Le recomiendo que profundice tanto como desee. Aquí sólo me limitaré a citarla y ponderar su importancia para el Networker y para el líder. Podrá ampliar mucho más en obras como la de Dale Carnegie "Cómo ganar amigos". También hay contenido relacionado en el libro "Al liderazgo por la venta" de J. L. Almunia. Si además de conocer gente, desarrolla el hábito de tomar nota de su contacto, estará trabajando en la segunda gran habilidad...

2. **Trabajar una lista dinámica de contactos**. Organización y gestión de los contactos que va usted creando a lo largo de su vida. Cuando hablamos de lista dinámica es que está "viva". Si hablamos estrictamente

de mercado en red o ventas, se tratará de ir contactando a las personas para iniciar el proceso informativo, o el proceso de venta. De este modo habrá un flujo de personas que van "saliendo de la lista" (con un sí, no, a lo mejor, o llámeme más adelante) y nuevos contactos que, después de construir cierto grado de relación, usted considera que merece la pena incluir en la lista. En materia de liderazgo esta lista es "dinámica" porque usted tratará de mantener el contacto, interconectar a miembros de esa misma lista, crear grupos y reuniones, etc. En definitiva, la lista de contactos del líder está siempre en movimiento.

3. **Invitar**. Decimos invitar a la primera aproximación que hacemos hacia una persona para iniciar el proceso de información, venta, etc. Esta es, sin lugar a dudas, una de las habilidades más importantes y que más asusta al neófito. Se ponen en juego todos nuestros miedos al rechazo, a ser juzgado como pesado, al 'Qué dirán'. También es una de las habilidades que mayor abanico o grados de desarrollo tiene. Es una herramienta que siempre está en constante perfeccionamiento. Desde luego, y en general, es una habilidad que se aprende y que enriquece en cada intento. No hay fracasos en este paso, pues todas las experiencias serán de aprendizaje. Es un arte que abre las puertas a grandes historias, éxitos personales, éxitos empresariales, incluso puede suponer el inicio de grandes movimientos. Una llamada a la persona adecuada, con una invitación atractiva y potente, puede desencadenar maravillas. Esto debe ser material de estudio del líder. Me atrevo a ir más lejos. En las escuelas debería enseñar este tipo de habilidades. Cuando una persona llama para buscar trabajo, o para pedir ayuda, o recavar información, si su aproximación y su forma de hablar, el contenido de su invitación o de su solicitud son adecuados el resultado final será positivo,

pudiéndose arruinar desde el comienzo por culpa de las malas formas, poca confianza en la invitación, titubeo, demasiado tiempo, etc. Para el Network Marketing, y todo lo relacionado con invitar para iniciar un proyecto nuevo, o evaluar una idea, existen ingredientes universales como son la pasión, la urgencia y la intensidad.

4. **Seguimiento**. Aquí es donde fallamos más de lo debido. Incluso en la vida misma, ¿cuántas veces escuchamos: *"te llamo mañana"* o *"te lo envío por correo electrónico ahora mismo…"*? El seguimiento es hacer lo que dices que vas a hacer. Punto. Es mostrar coherencia entre lo que decimos y lo que hacemos. Si le digo a usted que más adelante hablaremos de tal o cual cosa, y eso no sucede, no he cumplido con mi palabra. Los beneficios de depurar esta habilidad son muy satisfactorios y aumentan la percepción que tienen de nosotros como personas de palabra.

Si le dedica unos minutos a imaginar ejemplos en los que un líder hace uso de estas habilidades entenderá por qué he incluido en el título del apartado eso de "Un líder en ciernes". Estas habilidades, si bien son muy importantes y ampliamente tratadas en el Mercadeo en Redes, son habilidades universales para el éxito en las interacciones humanas. Tenga que presente que para ganarnos el rol de líder NO dirigimos personas. Las personas se lideran. Lideramos personas y gestionamos. Por lo que toda habilidad relacionada con la interacción humana, es susceptible de servirnos para el desarrollo del liderazgo.

36. Capullos del Network Marketing. Líderes capullos

La metamorfosis es un fenómeno universal, por lo que también tiene lugar entre los profesionales del Network Marketing y en los líderes de cualquier sector.

Dada la velocidad a la que pasa todo hoy en día, tendemos a creer que llevar unos meses iniciando nuestra andadura en la industria el Mercado en Redes Multinivel o MLM (del inglés Multi-Level-Marketing) nos da derecho a comportarnos como "expertos" con "canas" en ésto. Nada más lejos de la realidad. De hecho, mucha gente cree estar convencida y, sin embargo, no pasan por todo el proceso de desarrollo del Profesional del Network Marketing, o del líder que podrían haber llegado a ser, abandonando en algún momento dado, pero a todas luces demasiado pronto. Diremos que aún no han abrazado al 100% la oportunidad con la que están construyendo su propio proyecto en la industria del MLM o el liderazgo que aún están desarrollando.

En general, aunque afirmemos estar convencidos de algo y luchar por ello, todos nosotros fácilmente recordamos algún momento de nuestra vida en el que hemos hecho realmente lo imposible, lo impensable, lo que no nos creíamos capaces de hacer, lo que ahora no sabemos todavía cómo pudimos hacer. Todo por algo en lo que sí creíamos.

La naturaleza está llena de ejemplos inspiradores... Quiero compartir un breve apunte sobre un ser vivo del que se ha hablado y se habla mucho: la mariposa. En un momento dado del proceso de desarrollo como profesional del Network Marketing o como líder, uno se siente como un auténtico capullo. Suele ocurrir que en esos momentos nos damos cuenta de que todo está saliendo como tiene que salir y que, en efecto, somos unos auténticos capullos.

El ciclo vital es: 1) Larva; 2) Oruga; 3) Crisálida (pupa o capullo); 4) Mariposa adulta

1) Evidentemente todos hemos sido **larvas** (nuestra formación académica, familiar y social, labraron y crearon lo que éramos y lo que somos como personas, nuestro carácter, nuestra perspectiva, nuestra tolerancia, nuestra capacidad para imaginar, soñar, trabajar, etc.). Somos larvas, y una persona es una larva del Multinivel sin saberlo, mientras desconoce la industria... Una persona tiene el potencial y las capacidades (aún sin desarrollar) para ser un gran líder. Sin embargo, algunas mariposas, jamás llegan a serlo y mueren como larvas. Se las comen los depredadores, los pájaros... En nuestra vida se agrupan en algo que podemos llamar Sistema Tradicional de Valores y Creencias

2) También pasamos por la **fase de Orugas** del Multinivel o líderes orugas... (esto correspondería con el primer momento en el que sentimos que esta industria tenía algo que ofrecernos y que nosotros podríamos hacer algo aquí... cuando sentimos que tenemos que hacer algo). Algunos dicen cosas tipo *"... un momento, y si..."* o tal vez dicen *"... @#&%$*?¬!!! que esto lo hago yo..."*. El caso es que somos orugas durante un breve periodo de tiempo, los primeros días, las primeras lecturas con entusiasmo, las primeras llamadas con gente que nos acompañará y que está en la misma onda, hasta que llegan las primeras dificultades del negocio o el proyecto (aún a pesar de que las teníamos aceptadas en la teoría).

Cuando llegan dichas dificultades u obstáculos, o los primeros fracasos, entonces nos convertimos en capullos... Se nos queda una cara que mejor es ser oruga que ser capullo, al menos eso pensamos la mayoría en ese instante.

3) La etapa del "capullo" del Multinivel no es corta (como no lo es en proporción en el ciclo vital de la mariposa). Esta es una fase muy especial. Aquí tiene lugar el misterioso cambio, la metamorfosis. Ahí estamos, capullos, metidos en una especie de moco mientras cambiamos. Aquí es donde entra en juego todo lo que sabemos de la teoría sobre el Desarrollo Personal, la adquisición, práctica y mejora de habilidades, el crecimiento, el fortalecimiento ante la burla de los demás, o ante los comentarios llenos de "pseudo-amor" y "pseudo-compasión" sobre nuestro futuro... Es la fase de *"... es que..."* o *"... ya, pero..."*, también identificamos a un capullo cuando está diciendo algo tipo *"... en realidad ésto no es para tanto..."* o *"... pues yo lo estoy haciendo y no funciona, y lo estoy haciendo perfecto, tal y como dicen que hay que hacerlo..."*, *"... ahora no tengo tiempo, cuando pague esto y aquello..."*, *"... es que la gente está fatal con la crisis..."*, etc. Hay muchos ejemplos que nos indican cuándo estamos en plena fase de capullo.

Paralelamente, en esta fase de capullo, nos están creciendo alas, está cambiándose un aspecto desagradable, unos movimientos lentos y poco agraciados, por la capacidad de volar con gracia... Está teniendo lugar la metamorfosis hacia un profesional del Network Marketing o hacia el líder en el que nos convertiremos.

Quiero detenerme en la transición del 3) al 4) y establecer un símil con lo que nos pasa y nos pasará varias veces en cada escalón de madurez en nuestro desarrollo personal como líderes y profesionales del mercado en redes.

El momento de salir y dejar de ser capullo es un momento crucial... La mariposa, el líder, o el profesional del Network Marketing (con todo su esplendor), debe hacer un gran esfuerzo (podemos hablar del último esfuerzo del capullo, o del primer y definitivo gran esfuerzo de la mariposa adulta). Hay que romper el capullo y salir...

Cito textualmente como se explica esta fase en biología (indico subrayados y en *cursiva* mis comentarios):

"La mariposa escapa de la crisálida bombeando sangre *(energía)* a su cabeza *(intelectualidad)* y tórax *(emociones)*, las primeras estructuras en emerger. El abdomen hinchado y las alas comprimidas descienden cuando se abre la vaina de la pupa, pero la mariposa debe descansar *(a veces toda la noche)* para que sus estructuras se expandan y endurezcan antes de echar a volar *(esto refiere a la paciencia, a la perseverancia para dar tiempo a que se terminen de desarrollar las estructuras mentales, las creencias, las habilidades necesarias para ser un profesional del Network Marketing o un líder de verdad).*"

Ese es el momento de la paciencia, ese "descanso" en medio de la ruptura del capullo para que salgamos y volemos, corremos un **riesgo muy peligroso**: podemos encontrarnos con **alguien que quiera ayudarnos** y termine de romper lo que queda del capullo para liberarnos... o peor aún, podemos sentirnos tentados y pedir ayuda... *"Por favor, ya he demostrado que no soy un capullo, tengo mis alas, he bombeado sangre a mi cabeza y al tórax, estoy casi fuera, pero aún no consigo* *salir definitivamente... , ayúdame a romper lo que queda del capullo...".*

Tanto si aceptamos la ayuda, como si la conseguimos porque la pedimos, habremos arruinado todo el proceso. Si no somos nosotros quienes terminamos de romper el capullo, viviendo esos momentos que exigen paciencia (toda la noche, según el ciclo de la mariposa), ocurrirá que saldremos y nos caeremos al suelo con alas arrugadas y débiles, estructuras existentes pero inútiles, sin la capacidad de hacer aquello para lo que han sido desarrolladas durante todo ese tiempo de metamorfosis en el capullo... Estas son las mariposas que, después de todo el proceso, alguien les ayuda (con "buena intención") a salir del capullo, y caen al suelo hasta morir...

4) Mariposa adulta, líder, o profesional del Network Marketing... Hablamos de un líder capaz de identificar buenas larvas, cuidar y proteger a los capullos, así como sacar de ellos lo mejor, sin provocar que re-nazcan como mariposas débiles incapaces de volar...

Un profesional del Network Marketing de éxito, así como un líder, inspira a otros, atrae a los demás en un sentido muy positivo, manifiesta un conocimiento, una experiencia y un sistema de valores y creencias que deja huella allí donde va. En estos momentos es cuando realmente no prospecta ni aburre, sino que identifica y selecciona a las mejores larvas, las convierte en orugas especiales capaces de convertirse en capullos rápidamente para empezar su proceso de metamorfosis lo antes posible. Además, durante ese proceso de capullo, un líder sabe qué cosas aportar para que el desarrollo personal, el crecimiento, las habilidades, valores y creencias del futuro profesional, sean las mejores.

Por supuesto, en el momento crucial de ruptura del capullo, un profesional del Network Marketing sabe que será duro, pueden pedirle ayuda agonizando para terminar de romper con el capullo... Sabe que debe dejar que la naturaleza siga su curso y, por fin, podrá volar con su nuevo compañero.

Quiero terminar este apartado con un par de preguntas: ¿Cómo va su metamorfosis? ¿Nota sus alas creciendo? Vaya preparándose para bombear sangre a su cabeza y su tórax... merecerá la pena.

37. Habilidades del Networker Profesional... Un líder en estado puro

Este libro trata sobre ideas y conceptos que considero importantes para el desarrollo del liderazgo. No es un manual sobre cómo obtener ingresos en el sector del Mercadeo en Red. Sin embargo, he dedicado un bloque a esta industria puesto que, como puede usted imaginarse con lo que lleva leído, reúne una serie de características que la convierten en una "fábrica de líderes". Por lo tanto, quiero ahondar aún más en el desarrollo de esas habilidades y el paso del líder en ciernes al líder maduro.

Cuando una persona "paga el precio" de convertirse en profesional del Network Marketing NO es casualidad que pueda ser considerado un líder en estado puro. Corríjame si me equivoco cuando pienso que, a la luz de las habilidades que exhiben las personas con grandes resultados en este sector, no parece que estemos hablando de las habilidades de grandes líderes. Entre las habilidades y maestrías de un profesional del Mercadeo en Redes y un líder puro encontramos:

Invitar de manera excepcional. Un líder sigue "afilando" su capacidad de llamar a la acción, invitar a un acto, invitar a revisar información sobre una oportunidad... Sus invitaciones son poderosas.

Presentar información tanto a grupos reducidos como grandes audiencias, tanto a miembros del equipo, como a colaboradores externos, así como clientes o personas ajenas a su organización. Sabe manejar el clima, adaptar el registro, presentar información, captar la atención, hacer que lo complejo parezca simple, reduce la tensión durante la exposición...

Enseñar a otras personas a emprender sus propios proyectos. Capacidad para iniciar la andadura y acompañar a una persona que decide aprovechar la oportunidad. Citando de nuevo el ejemplo de la metamorfosis, un líder puro acompaña pero NO bloquea los procesos naturales de desarrollo antes de que la persona en cuestión abandone la fase de "capullo" y brille con todo su esplendor. Cuando alguien se aproxima a nuestro proyecto y da sus primeros pasos, como líderes deberíamos ser capaces de enseñarle lo indispensable en cada paso. No sobre-entrenar o tratar de enseñar todo lo que sabemos, sino lo que necesita.

Enseñar a otras personas a enseñar cómo hacerlo. Ese momento mágico del que hablábamos de la duplicación, y de liderar a líderes pasa por enseñar a enseñar. Los mejores líderes quieren "salirse de la ecuación" y buscan enseñar y transferir liderazgo a los demás. Sólo así se consiguen grandes objetivos.

Inspirar y *Empowerment*. Estas habilidades son material de máximo nivel. Inspirar es algo que está reservado sólo para algunas personas que consiguen iluminar y prender la llama en los demás. *Empowerment* ya vimos que es una de las claves distintivas del liderazgo de servicio. Si usted alcanza estas cotas de desarrollo, y créame que se puede, su liderazgo será casi inevitable.

Automotivarse. Las personas que han creado grandes redes, movimientos, organizaciones, cambios de paradigma en grupos o colectivos gigantescos han tenido que desarrollar esta capacidad, de lo contrario habrían "muerto" en el intento ante las presiones, los obstáculos, las adversidades, las críticas, etc. Aprenda a automotivarse y tendrá su propia gasolinera lista para darle combustible donde sea, cuando sea y con quien sea.

Gestionar su tiempo. Fundamental para ser eficaces (conseguir lo que proponemos) pero de forma eficiente (conseguirlo optimizando los recursos utilizados). Además, al desarrollar esta habilidad, estamos liderando con el ejemplo y demostrando que es posible, que la falta de tiempo es una excusa y que casi todo el mundo puede gestionar mejor su tiempo y obtener resultados magníficos. Aquí también se incluye la capacidad de saber cuando dedicar tiempo a cada persona o grupo. Se suele decir que los profesionales dedican el 80% de su tiempo en el 20% de asuntos, que son los que marcan la diferencia y generan el 80% de los resultados. En definitiva, dedicar la mayor parte del tiempo en las personas y asuntos que son más importantes.

Atraer. Para los más reacios a la cuántica esta lista terminó en el punto anterior. Para aquellas personas que entienden y aprecian lo que tan difícil es de entender (la cuántica), quiero dedicar este párrafo a algo que está ahí y que es causa y resultado del desarrollo del liderazgo. Es decir, que gracias a la atracción nos llegan oportunidades de desarrollo y, a su vez, gracias a desarrollarnos nos convertimos en entes más atractivos que atraemos más resultados y nuevas oportunidades. De lo que no hay duda es de que un líder atrae. Interprételo como mejor le convenga pero ni si quiera contemple la posibilidad de que es cuestión de suerte.

38. Criterios para evaluar una oportunidad dentro de la industria del Mercadeo en Redes.

De todos los apartados de este libro este es el único que realmente constituye lo que podríamos denominar una "receta" para tener presente cuando evaluemos la información acerca de una oportunidad en el sector del Network Marketing. Es breve y muy útil:

1. **Equipo Directivo y Financiación**. ¿Quién o quiénes están detrás del proyecto y la compañía? Es simple entender que si decidimos iniciar un proyecto al amparo de una compañía, debamos saber algo acerca de la experiencia y prestigio de quiénes están al mando de dicha empresa. Así mismo, es de vital importancia saber cómo están las cuentas. Tienen alto riesgo de caer por falta de fondos ante un crecimiento inesperado, quién sustenta las operaciones, ¿están ya en fase de beneficios o en una fase muy temprana?

2. **Producto o Servicio**. Este es el *Alma Mater* de todo. Evalúe lo que tenga que evaluar hasta decidir si es un producto que le llama la atención y que le gustaría utilizarlo, al margen de cualquier oportunidad empresarial. Si usted se ve a si mismo como consumidor de ese producto, ¡adelante!. Es interesante preguntarnos si conocemos gente que se beneficiaría de dicho producto. También podríamos contemplar, con objeto de que nuestros resultados se prolonguen en el tiempo, que la compañía en cuestión tenga ideas de crecimiento y evolución en lo relacionado a las líneas de productos. No tendría demasiado sentido lanzarnos en un proyecto con un producto que sea tan específico que, pasada la moda, o pasado el problema, ya no tenga tracción en el mercado. Finalmente, tenga en consideración lo siguiente: que el producto sea único y exclusivo de esa

compañía (patentes, etc.) ya que, si se trata de productos demasiado corrientes, es más probable que su proyecto se vea frenado por la competencia feroz. Un producto único y exclusivo es un extraordinario punto de partida. Finalmente tenga en cuenta que el producto debe encontrar una amplia demanda de personas que quieran utilizarlo sin necesidad de desarrollar negocio alguno.

3. **Plan de Compensación** (pagos). Aquí asegúrese de que el plan es lícito (le permita obtener ingresos según su rendimiento, pudiendo superar a quien le presentó la información) y que sea atractivo para usted. La pregunta sería: *"¿Me parece que los ingresos que puedo conseguir con este plan son lo suficientemente rentables o interesantes para mi?"* y *"¿Cuánta gente conozco que estaría interesada en complementar sus ingresos con estas cantidades?"*.

4. **Sistema de trabajo estandarizado**. En el Mercadeo en Red cenismo explicando que lo importante es que lo que hagamos sea duplicable. Para ello debe existir un sistema de trabajo **estándar** y **simple** que cualquier persona que inicie su proyecto pueda aprender rápidamente, incluso al mismo tiempo que toma acción. Hoy por hoy con los avances tecnológicos y las comunicaciones, la mayoría de compañías tienen vídeos, presentaciones estandarizadas, websites, etc. que ayudan mucho a repartir la información.

5. **Sistema de apoyo a través de eventos y presentaciones**. Los grandes profesionales del sector afirman, de manera unánime, que: el Network Marketing es una industria que se me mueve por eventos. La misión de estos eventos es formar a los distribuidores, y sirve de nexo para crear colaboraciones, recargar pilas (es un entorno en el que todas las personas están en la misma

onda, por lo que las sensaciones son muy poderosas).
Los eventos proporcionan sensación de certeza entre los
miembros del equipo, y permiten conocer a personas
clave de la compañía.

6. **Momento de la compañía**. Este es un punto clave que
   merece analizar algo más en detalle:

Existen multitud de compañías, algunas de un éxito
impresionante, otras no tanto, otras que no se sabe muy
bien qué ocurrirá con ellas... El momento en que se
encuentra la compañía es fundamental. Respecto a este
punto podemos clasificar las compañías en **4 categorías**:

Categoría 1: Ni si quiera son compañías lícitas. Estos
son los fraudes que tanto teme la gente y de los que
tenemos que estar muy alejados. Desafortunadamente
será usted responsable en mayor medida de analizar la
legalidad de la oportunidad, ya que en muchas ocasiones
NO todos los abogados están al tanto del Mercado
Multinivel (algunos incluso poseen prejuicios que le
entorpecen en su práctica profesional). Lo más
recomendable es que lea la letra pequeña, tenga la Ley a
mano y analice lo más importante: que usted reciba
ingresos por su rendimiento, y que no esté firmando
ninguna permanencia ni transfiriendo dinero extra a una
cuenta sospechosa.

Categoría 2: La "Vieja Escuela". Son las compañías de
toda la vida. Los gigantes de la industria que han
madurado y que encontraron la manera de estar en lo
más alto. Ya los nombramos en el apartado sobre la
historia del sector. No hay nada de malo en esta
categoría. Son los pioneros de la industria e hicieron lo
más difícil. Merecen todos los elogios y el máximo
respeto... Amway, Shaklee, Herbalife, NuSkin, o un

poco más tarde ACN. Dependerá de sus metas que usted decida aventurarse con una compañía en esta categoría. Cuando una persona busca ingresos extra, estas son las compañías ideales. Si buscamos la posibilidad de crear un legado a lo grande, no es que no se pueda, pero es más difícil puesto que otros ya lo hicieron.

Categoría 3: Compañías "planas". Son legítimas, llevan bastante tiempo en el mercado ¡pero! no consiguieron (y me temo que no lo conseguirán) dar el salto y alcanzar cotas de resultados como las compañías gigantes. Suelen ponderar en exceso el hecho de que llevan muchos años como elemento de garantía, aunque no han terminado de explotar. Siguen siendo oportunidades de generar ingresos, pero no tienen el potencial de llegar a algo extraordinario.

Categoría 4: El "Santo Grial". Compañías nuevas con potencial para convertirse en gigantes (en el futuro las clasificarán como "vieja escuela" o gigantes). Algunos ejemplos de compañías jóvenes son ASEA, Agel, Stemtech, Organo Gold, o Monavie, por citar algunas. Para que una compañía pueda clasificarse en este grupo debe tener un producto con potencial y que responda a demandas actuales, un plan de pagos atractivo que sea lucrativo pero justo y ético, un equipo de dirección potente, un soporte financiero sólido (esto es importante), debe ser una compañía que lleve el mínimo tiempo en el mercado como para haber superado el riesgo, pero que aún no sea conocida y, por supuesto, moverse en un sector que tenga perspectivas de crecimiento (no tendría sentido que usted y yo nos lanzáramos en una aventura empresarial, por muy buena que fuera la oportunidad, si el sector en el que nos movemos es la venta de sobres de carta… No sé yo… pero pienso que los e-mails han cambiado mucho la cuestión, no veo yo un futuro con las personas volviendo al correo postal tradicional…)

Grosso modo estos serían buenos indicadores a la hora de decirnos por una u otra oportunidad. Espero que si se viera en situación de emprender su andadura en esta "universidad de la vida", y decidiera desarrollar o mejorar sus habilidades de liderazgo, estas guías le sirvan de orientación.

NOTA del Autor: He citado ejemplos de compañías por nombrar algunas. Si no aparece alguna compañía concreta en absoluto ha sido algo deliberado. Además en el suplemento oficial publicado en *The Wall Street Journal* que cité en el apartado de la historia aparecen 100 compañías más, para quien quiera revisarlas.

BLOQUE IV: IDEAS FINALES

39. Listas, decálogos, etc.... elija lo que más le convenga pero asegúrese de tenerlo por escrito

"Cada maestrillo tiene su librillo" – Me parece fenomenal y acertado. A estas alturas, si le soy sincero, en cierto modo da igual que "librillo" utilice, pero asegúrese de utilizar uno (o varios). En este apartado quiero destacar la necesidad de apoyarnos en materiales, ideas, libros, películas, lo que sea... a la hora de poner en marcha nuestra andadura como líderes.

Su diario, su agenda, sus listas sobre los valores fundamentales que usted desea tener presentes en sus planes y actuaciones, son un ejemplo. Las características de la visión que gobierna el movimiento, la idea o el proyecto que lidera, y por supuesto, tener por escrito y a mano sus metas y objetivos, son algunos de los elementos a los que hago referencia. En su lugar de trabajo usted debería tener visibles todas estas herramientas. No deje que la pereza para imprimir y colocar estas listas, esas notas adhesivas, o para escribir en su agenda, le aparten de un liderazgo excelente.

Sirva de ejemplo tener los pasos que usted considere fundamentales a la hora de proceder en cualquiera que sea su empresa, o las características del tipo de persona en la que quiere convertirse para alcanzar el éxito que desea. Tony Robbins ("Poder sin Límites") resume los rasgos de personas que han experimentado resultados extraordinarios. Pienso que esta lista puede ser interesante para tenerla presente y saber qué tal vamos en cada una de esas áreas.

- **Pasión**. Nadie sigue a un robot. La pasión nos impulsa a salirnos de la "caja". La pasión se relaciona con la fuerza de las metas que se haya trazado. Sin pasión usted no puede atraer porque la gente tiene motivos "racionales" para no seguirle. Es la pasión con que impregne su llamada, su visión, y la forma de articularla, lo que levantará de la silla a quienes le oigan, y no para irse precisamente, sino para acompañarle. Si no, cuando M. Luther King dijo: *"He tenido un sueño..."* bien podría alguien haber dicho: *"yo también, eso no tiene nada de especial."*. Sin embargo, había algo más en esa frase, algo relacionado con la pasión y la fuerza.

- **Fe**. Entendida en su cuarta acepción (Diccionario de la RAE) que dice ser la confianza, o buen concepto que se tiene de alguien o de algo. Me permito añadir que, en algunos casos, ese "algo" puede que ni si quiera sea visible en el momento presente, tal y como ocurre cuando un líder empodera a otra persona basándose en la fe que tiene sobre ella, sobre su capacidad para desarrollar tal o cual habilidad, y obtener determinados resultados.

Cuando hablo de fe **no** incluyo la fe ciega, y mucho menos aún, la fe dogmática. Los caminos del liderazgo, al contrario que los de muchas religiones, SÍ son escrutables. Es decir, analizables y susceptibles de examinarse cuidadosamente. Es más, le diría que adoptara el hábito de analizar al detalle el camino de su propio liderazgo, así como el de los líderes que más le inspiren.

Finalmente tenga presente que su misión será doble en todo momento. Deberá construir su fe y su creencia en el proyecto, la idea y la visión, a la vez que transferirla a los miembros de su equipo. Ya hablamos de esa transferencia como elemento clave.

- **Estrategia**. También hemos hablado de la importancia de planificar. Si usted tiene clara su visión, las metas y los objetivos, la estrategia será lo que le lleve por el camino que usted considera más acertado. Dejo en manos de su imaginación la idea sobre qué ocurriría al combinar estrategia, con consistencia, persistencia, determinación y flexibilidad…

- **Claridad de valores**. Esta cualidad que manifiestan personas de tremendo liderazgo y resultados bien podría ser, a su vez, una lista que tenga presente en su lugar habitual de trabajo, o que llevara consigo en su bolsillo. Los valores por los que se rige determinan parte de su estilo de liderazgo.

- **Energía**. Aquí le recomiendo que abrace la idea de la excelencia y acepte el hecho de que sus hábitos nutricionales y de ejercicio físico ejercen una influencia gigantesca en sus niveles de energía. Una vez que se de la oportunidad de cultivar esa área de su desarrollo personal, no querrá dejarla.

- **Poder de adhesión**. Las grandes historias de éxito y los ejemplos más poderosos de liderazgo presentan, en algún momento dado, un tremendo poder de adhesión por parte del líder. Esta habilidad se relaciona con muchas otras, como su capacidad de conectar las metas del grupo y la visión, con las metas y los objetivos de cada uno de los miembros. Todos sentirán que están en el camino hacia la realización de sus metas, pero sentirán la unión que supone saber que, además, el resultado final es un logro a compartir, un éxito global.

- **Maestría en las comunicaciones**. No pienso que esté malgastando su tiempo al compartir con usted mi lamento al comprobar, una y otra vez, como en los cursos y seminarios que imparto, las personas **no** quieren salir al estrado a comunicar nada, **no** quieren hablar en público. Si miramos atrás y analizamos nuestro paso por la educación obligatoria no veremos ningún contenido relacionado con comunicarnos mejor. Soy consciente de que se obliga al alumnado a presentar los trabajos en clase, pero ya está. No se ahonda en la importancia que tiene hacerlo bien, y ni mucho menos hacerlo excelente. Es más, el clima que se respira alrededor del hecho de levantarse y dar el paso de hablar en público, suele estar lleno de "cuchicheos", risas tontas, chistes absurdos y todo tipo de estupideces, que terminan por destruir cualquier brote que estuviera surgiendo en quien deseaba comunicar algo. Sin embargo, cuando llega el momento de la verdad, y tenemos que pasar entrevistas, debatir, presentarnos, contestar en público, etc. y lo que está en juego es algo que deseamos con fervor... ¿Entonces qué? – Entonces buscaremos desesperadamente recursos que no tenemos y eso se nota. Eso lo notan. Liderar lleva implícito comunicar, y nunca se está lo suficientemente preparado. Esta es una de esas áreas en las que el líder debería ser un estudiante eterno. Dejando la política a un lado, Barak Obama (presidente de Estados Unidos en el momento de escribir estas líneas) es un excelente ejemplo. Su discurso, contenido y forma, impactó de manera decisiva en su conquista de la presidencia.

Para terminar, cuando hablamos de maestría en las comunicaciones tenemos la obligación de incluir la comunicación en todas sus vertientes. La realidad actual exige que los líderes manejen las *ya-no*-nuevas tecnologías con fluidez y naturalidad. Esto incluye la presencia y la comunicación en las redes sociales – la Web2.0 – el *blogging* y el *microblogging*, o los canales de vídeo en Internet. En este caso traeré a colación un ejemplo 'made in Spain'. Concretamente 'made in Jun', y es que el alcalde de ese municipio, el señor José Antonio Rodríguez Salas, representa uno de los ejemplos más claros de liderazgo en todas las áreas de la comunicación que acabamos de comentar. Fue pionero de lo que él mismo denominó *Teledemocracia*, haciendo posible y llevando a la práctica real y absoluta la participación ciudadana. Inició un movimiento en completa soledad con la visión de que las tecnologías de la información, las redes, y el uso de Internet en su máxima expresión (videoconferencias, plenos del ayuntamiento retransmitidos y votaciones en tiempo real) serían importantes y decisivas en el desarrollo del municipio. Así fue y así está siendo. Es una historia digna de conocer, con pasajes decisivos como el establecimiento del acceso a Internet como un derecho, idea chocante en aquel momento, pero que se extendió a Finlandia, Francia, y a la mismísima Organización de Naciones Unidas (ONU), que lo establece como derecho universal, a partir de 2015.

Quiero incluir en este apartado algunas ideas sueltas sobre la puesta en marcha en el camino del desarrollo personal. Son conceptos que de tenerlos presentes, las probabilidades de mantenernos focalizados aumentan considerablemente. En este caso me basaré en 4 ó 5 piezas fundamentales, extraídas de la obra de Jim Rohn.

Este pensador – mentor de mentores – hablaba de elementos susceptibles de hacernos mejorar drásticamente, sea cual sea el área que nos ocupe.

- **Desarrollar más de una habilidad**. Aunque pueda parecer lo contrario, pienso que la era de súper-mega-híper-especialización tiene los días contados, como forma de alcanzar un grado de desarrollo personal y liderazgo elevados (por supuesto que siempre existirán casos de personas con una altísima especialización y que, gracias a ello y sus resultados, lideran – aún así estaremos ante un caso de liderazgo de rendimiento, y no de lo que hemos venido tratando en este libro). Cuando hablamos de desarrollar más de una habilidad, estamos hablando de ser más polifacéticos, y con ello aumentar nuestro atractivo hacia los demás y nuestra capacidad de adaptación las condiciones cambiantes. Por citar algunas, podríamos plantearnos trabajar en habilidades como:

    ▪ **Conseguir clientes**, votantes, seguidores, firmas, espectadores, etc. En definitiva, personas que se interesen por lo que ofrecemos

- **Identificar personas brillantes** que puedan suponer mejoras en el equipo, siendo capaces de ver más allá de los curriculums o los títulos.

- **Organizar al grupo** y ponerlo a trabajar de manera eficaz

- **Promoción y Reconocimientos**. Esta habilidad es fundamental para mantener la energía viva. En el caso de los reconocimientos, Jim Rohn decía: *"Asegúrate de estar tan ocupado dando reconocimientos a la gente de tu equipo, a tus colaboradores, etc. que a penas tengas tiempo de recibir el tuyo"*.

- **Comunicación** (vemos como se repite). No seamos perezosos con el lenguaje. Tratemos de ser impecables. En la obra del Dr. Miguel Ruíz, titulada "Los 4 acuerdos" el primero es, precisamente éste: *"Sé impecable con tus palabras"*. Ya hemos tratado este asunto en párrafos anteriores, simplemente le invito a que reflexione lo siguiente: gracias al lenguaje presentamos información, enseñamos (formación) al equipo y, más importante aún si cabe, gracias al lenguaje inspiramos. No podemos limitarnos a NO cometer errores, debemos ser excelentes en el lenguaje.

- **Manejar más de un idioma**. Estamos en tiempos globales, y si usted nunca dedicó tiempo a aprender inglés, o francés, o alemán, o chino... ¿A qué espera para empezar? – No se engañe, un curso más de formación o actualización en su campo profesional no le llevará ni la mitad de lejos que si aprende a comunicarse en otro idioma. Piénselo y tome acción. Si tuviera que darle mi recomendación le diría que empezara por el Inglés, pero da igual, aprenda otro idioma. Punto.

- **Tener presente en todo momento la fórmula más básica y universal que explica la economía en relación a las personas.** Hasta los niños pequeños pueden llegar a entender esta fórmula. Considere que, en la raíz del concepto diremos lo siguiente: *"Nos pagan por traer valor al mercado".* Evidentemente hay que matizar. Me gustaría que donde dice *'mercado'*, usted imagine la palabra *'gente'*, y que cuando hablamos de traer valor, además de mediante un producto o un servicio, incluyamos la idea de convertirnos en personas más valiosas. Es decir traer más y más valor al mercado (la gente) gracias a convertirnos en personas de más y más valor. Esto resuena más con el ideario que venimos manejando en este libro, y con el concepto de éxito que el propio Jim Rohn ponderaba tan a menudo: *"El éxito es algo que se atrae por la persona en que te conviertes"* (se entiende que es una persona más valiosa).

- **Entender los fundamentos del éxito.** Este apartado en si mismo enumera 5 elementos:

  - **Filosofía.** Hemos visto como los resultados, en materia de liderazgo, desarrollo personal, éxito, están fuertemente relacionados con la forma de entender la vida, los negocios, la sociedad, el planeta, la política... En lugar de tratar de cambiar el exterior, trabajemos primero en nuestro interior. En numerosas ocasiones veremos como cuando nosotros cambiamos, las cosas cambian también para nosotros.

- **Actitud**. No sólo importa lo que piensas, sino como te sientes ante lo que ocurre, ante tus propios pensamientos. La actitud que muestras.

- **Actividad**. Sobra decir que si no tomamos acción no llegamos a emprender nada, salvo a ser teóricos de todo y, ¡ojo! no hay nada de malo en ello, pero no podemos esperar liderar a un grupo sólo con teoría y palabras.

- **Resultados**. Además de tomar acción, deberemos trabajar por ser lo suficientemente buenos como para obtener buenos resultados. Aquí aprovecho para recalcar el pensamiento con el que inicié el libro: No tenemos que ser los mejores en cuanto a resultados. Podemos presentar unos resultados decentes y, sin embargo, liderar al grupo (incluyendo aquellos que tienen mejores resultados que nosotros – a los que quizá les falten dotes de liderazgo)

- **Estilo de vida**. Con todo lo anterior configure un estilo de vida ejemplar y resonará en todas direcciones. Será coherente, inspirará y liderará con el ejemplo. Toda una historia de éxito.

Para terminar le invito a que confíe en mi y tome acción con las listas, conceptos, afirmaciones en su pared para mantener la motivación, y todo cuando usted desee que le acompañe en su puesta en marcha. Antes de lo que usted imagina llegará a la última fase del siguiente proceso que describo a continuación:

No sé que **no** lidero.
Se que **no** lidero.
Se que lidero.
No se que lidero.

¡Ojo con no confundirnos! Lo que quiere decir la última afirmación es que usted liderará en el proyecto o movimiento que le ocupe, pero será un liderazgo tan natural que usted no tendrá sensación de estar haciendo nada especial, ni si quiera se dará cuenta de hasta dónde llega su liderazgo.

40. Liderar es un viaje sólo de ida.

¿Qué hacer cuando estamos en un momento bajo y alguien nos reclama como líder, o se requiere nuestra visión? – No sé cuál será su respuesta (la que tiene ahora mismo en su mente). Lo que sí puedo hacer es compartir la mía.

Ya hablamos de la idea de que el liderazgo es un viaje sólo de ida, si nos focalizamos en nuestro desarrollo personal primordialmente, pues incluso si nos abandonase el grupo, el espíritu de líder seguiría dentro de nosotros por lo que lo recuperaríamos en relativamente poco tiempo.

El concepto de viaje de ida también hace referencia a que, a lo largo del camino, se verá en momentos personales más bajos que otros. Sin embargo, también en esos momentos le exigirán su liderazgo y recurrirán a usted. En esos momentos no puede dar media vuelta y tratar de diluirse en el grupo. Tendrá que ejercer de líder. Es lo que yo llamo los momentos en que consejos vendo pero para mi no tengo. Un día escuché esta expresión y creo que es ideal para explicar esta idea.

Mi total convencimiento acerca de este fenómeno de los consejos para otros, aún cuando estamos en momentos que nosotros mismos los necesitamos, surgió al llegar de un viaje a Elx. Se celebraban unas jornadas abiertas de formación y presentación del proyecto empresarial en el que estoy involucrado, y tuve el honor de ser invitado para participar y compartir algunas ideas relacionadas con la salud, la alimentación y la suplementación nutricional, así como ideas sobre cómo explotar el proyecto.

Como suelo hacer, después de cada evento, dedico un momento a la reflexión post-evento, después de darme cuenta de que cuando alguien que nos importa nos pide algo de ayuda, o consejo ante alguna situación que este ser querido identifica como difícil, solemos responder muy positivamente. Quiero decir, no importa cómo estemos nosotros mismos, solemos sacar fuerzas extras en forma de una capacidad de visión objetiva, capacidad de análisis, y motivación hacia la acción para solucionar lo que atormenta a esa persona que, al fin y al cabo, buscó en nosotros algo de luz para iluminar lo que venía siendo un túnel oscuro.

A veces puede que esta persona, por estar en medio del problema, no se de cuenta de que tal problema es mucho más pequeño de lo que creía. Otras veces, ni si quiera hay un verdadero problema y lo que ocurre es que se ha distraído un poco y no sabe bien dónde está en el camino hacia sus metas.

En estos momentos nosotros, al tener nuestro punto de vista externo, al sentir amor y respeto por esta persona, y al tener un profundo interés por conseguir que nuestro amigo se de cuenta de que hay soluciones alternativas, nuevos enfoques, o que ni si quiera hay un problema…, sacamos lo mejor de nosotros mismos y ponemos a funcionar nuestro sentido común, nuestro optimismo, y nuestra capacidad de planificación y actuación.

Casi siempre recibimos un sincero *"Gracias"* o *"Menos mal que me has hecho verlo de esa manera…"*, etc. A veces el comentario de la persona que hay visto como su preocupación, su problema o su agobio se esfumaban, viene a decirnos algo tipo *"¡Ojala tuviera yo esa capacidad que tú tienes, o esa forma de ver las cosas… es que casi no tendría problemas…"*

¿Se ha visto involucrado alguna vez en una situación semejante, en la que su criterio y su visión del problema hayan ayudado a un ser querido a salir adelante de esa ruptura, ese obstáculo en su carrera, ese imprevisto, o esa desviación de su propio camino? – Estoy seguro de que si afinas la memoria se recordará dando algún que otro consejo o compartiendo su visión lo más objetiva posible acerca de alguna cuestión particular, para ayudar a alguien que le importa. Eso es lo que se espera de usted como líder. Así que vaya ideando medios sobre cómo conseguirlo, porque cuando inicie el camino del liderazgo, será un compromiso que adquirirá de manera inexorable.

Ahora le invito a reflexionar sobre lo siguiente:

¿Y si ese "mejor amigo/a", con ese "problema" que se le antoja imposible de resolver, fueras usted mismo con los "problemas" que pueda tener?

Me he sorprendido a mi mismo, más de alguna vez, compartiendo puntos de vista y aportando propuestas de solución a algunas cuestiones y algunos problemas de amigos míos que, curiosamente, en otros momentos han sido o son los problemas por los que yo mismo me siento atrapado. En aquellos momentos que, como líder, no debemos contaminar al grupo pero que, sin embargo, estamos bajos, creo que una posible e interesante solución es pedirle consejo a ese amigo especial que vive dentro de nosotros mismos.

Casi siempre que nos piden ayuda, aportamos soluciones brillantes, locuaces, y muy razonables. ¡Apliquémonos el cuento!

En el ámbito del liderazgo debemos romper el mito de que *"en casa del herrero cuchillo de palo"* o eso de que *"Consejos vendo… y para mi no tengo"*. Se imagina cuánta gente se sentiría atraída por alguien que es capaz de romper esos refranes, y que es capaz de liderar y liderarse. Merece la pena intentarlo.

41. Mente Sana en Cuerpo Sano: Su éxito personal y profesional comienzan a nivel celular

Empezaré este apartado al revés, es decir, lo primero que le daré será la moraleja, que no es otra que: *"Cuide los detalles que le aseguran éxito y bienestar hoy y mañana. Entre ellos, sin ninguna duda, está la nutrición para su salud y rendimiento"*

Este apartado podría parecer que existe en este libro por "deformación profesional" – No es que lo parezca, está usted en lo cierto. Sin embargo, ello no implica que esté exento de sentido en relación al desarrollo personal y el liderazgo. Es más, creo que existen grandes líderes en el campo de la medicina natural, la nutrición ortomolecular y el sin fin de terapias alternativas (yo prefiero llamarlas complementarias, ya que no tienen que ser excluyentes). Estos líderes son, además, de tipo servicio, ya que se entregan por y para el tratamiento y la obtención de bienestar y una salud óptima para todo el mundo. Una vez que la gente entra en contacto con ellos, es normal que les sigan.

La ciencia en diversos campos como la medicina convencional, la biología molecular (genética), la nutrigenómica (interacción de nutrientes con genes), la epigenética, la bioquímica y el estudio del metabolismo, la fisiología, las ciencias medioambientales, los estudios agroalimentarios, estudios de algunas de las disciplinas más antiguas de la medicina como son la medicina tradicional china o el Ayurveda (significa: la ciencia de la vida), todo ese vasto cuerpo de conocimiento sobre la salud demuestra que usted, yo, y cualquier persona o grupo que pretendamos liderar, son lo que son, en gran medida, por las circunstancias bioquímicas y moleculares en las que se encuentran. Es decir, y como todo el mundo parece saber o al menos intuir: *"somos lo que comemos"*.

Si usted come mucho tocino, por poner un ejemplo muy gráfico, será un líder "atocinado" – la naturaleza en algunas áreas es así de simple. Si usted, por el contrario, se alimenta de comida no procesada, comida llena de vida, energía, nutrientes en estado puro y en plena consonancia con lo que sus células demandan y necesitan para vivir y hacer frente a las circunstancias, no dude que liderará de manera más natural. NO notará esos efectos de manera directa, sino que desde el nivel más básico: la célula, usted irradiará energía, disfrutará de una mente más clara, una mejor memoria, capacidad atencional, tendrá un aspecto físico óptimo y sentirá una vitalidad que muchas personas envidiosas y malintencionadas relacionarán con el uso de algún tipo de sustancia prohibida. Nada más lejos de la realidad. Lo que usted experimentará será, ni más ni menos, un estado de salud óptima, como otros de los ingredientes fundamentales para la excelencia. Déjeme ponerle en perspectiva a este respecto.

El panorama actual de la salud presenta unos números catastróficos con enfermedades degenerativas crónicas alcanzando cotas y ritmos de crecimiento pandémicos. Esto incluye diabetes, enfermedades cardiovasculares como la hipertensión, problemas de colesterol, accidentes cerebro-vasculares, insuficiencias, enfermedades neurodegenerativas como el Parkinson, la esclerosis múltiple o el Alzheimer, desórdenes nerviosos como la depresión, el estrés o el insomnio, fibromialgia, síndrome de fatiga crónica, problemas de tipo inflamatorio como los casos de artrosis, las alergias y problemas respiratorios, la enorme lista de problemas digestivos, que van desde los gases, hasta la enfermedad de Crohn, pasando por el colon irritable, las úlceras, o las intolerancias alimentarias. Todo ello sin olvidar el aterrador ascenso de todo tipo de cánceres (mama, próstata, colon, endometrio, glioma cerebral, pulmón, linfático, páncreas, huesos, médula, estómago, piel…).

una respuesta exacerbada del sistema inmune que se traduce en procesos inflamatorios.

El enfoque etiológico de la salud busca estudiar y profundizar sobre las **causas** primeras que pueden estar provocando los síntomas. A veces es una tarea relativamente sencilla. Otras, sin embargo, requiere más tiempo y tentativas para solucionar el problema. Puede ocurrir que algunas estrategias obtengan mejoras pero que no erradiquen el problema, teniendo que volver a re-plantear la forma de actuación y seguir razonando cuál puede ser la causa primera. Es una tarea que requiere una preparación académica importante, así como una actitud inquieta y comprometida con el objetivo último de recuperar, obtener y mantener un estado de salud óptimo.

Para poner un ejemplo muy gráfico entendamos la aproximación alopática a la salud como si, mientras conducimos nuestro vehículo, se enciende el indicador (esto sería el síntoma) de que algo falla en el motor y, para subsanar el problema, lo que hacemos es tapar el indicador del salpicadero que no está dando esa señal (administrar una medida contra el síntoma, no contra la causa). De este modo ya no veremos más esa incómoda lucecita en el cuadro de mandos. ¿Se soluciona el problema? – Evidentemente no. Será cuestión de tiempo (a veces días o semanas, o a veces meses o años) que sufriremos las consecuencias de no haber atendido la causa que originó el aviso de que algo fallaba.

Siguiendo con el ejemplo anterior, el enfoque etiológico sería aquel que nos llevaría a detenernos, pensar (en muchos casos incluso estudiar) y reflexionar sobre la mecánica del coche y qué ha podido ocurrir para llegar a ese punto en el que el indicador de avería se haya iluminado. Una vez identificado la posible causa primera tomaríamos las medidas necesarias que terminarán por hacer que el indicador se apague. ¿Se soluciona el problema?

– En la gran mayoría de los casos sí. Entonces, ¿por qué no se actúa de modo etiológico siempre? – Por que requiere tiempo, estudio, reflexión y, sobre todo, determinación, compromiso y paciencia. De lo que no cabe duda es que merece la pena.

Yo no pretendo presentar un tratado de nutrición humana en este libro. Simplemente le daré un consejo basado en el más puro sentido común.

Antes de entrar en materia acepte que, al igual que cuando debe hacer una remodelación o cualquier obra usted acude a personal específico, o cuando le duelen los dientes va al dentista, usted debería acudir a profesionales cualificados que le ayuden a cuidar seriamente su alimentación (y no estamos hablando de hacer dieta para mantener un peso "ideal"). Mi recomendación general tiene 2 componentes:

1. Dejar de poner veneno en su cuerpo. No se trata de evitar el tabaco, el alcohol, o cualquier otra droga. Eso lo sabe usted, lo sabemos todos, y se da por supuesto. Me refiero al veneno que usted no ve, en forma de edulcorante en el café (sabemos hoy que los edulcorantes son neurotóxicos terribles), comidas con saborizantes añadidos (glutamato monosódico entre otros muchos), alimentos repletos de conservantes, colorantes (el aditivo más ridículo del plantea tierra), pesticidas, herbicidas, etc. O el veneno que supone ingerir las cantidades de azúcares y carbohidratos refinados que ingerimos actualmente. No crea que si no acostumbra a comer dulces después de comer está exento de problemas. El pan blanco, la mayoría del pan etiquetado como integral (no es más que pan blanco con salvado añadido), la pasta refinada, el arroz blanco, la harina, las galletas, las patatas fritas, las salsas, los refrescos, la cerveza, los zumos embotellados, etc. todos son ejemplos de fuentes gigantescas de problemas causados por los carbohidratos refinados. También es veneno ingerir la cantidad de antibióticos que ingerimos en la carne (todo tipo excepto la ecológica), especialmente los derivados (embutidos, patés, etc.), antibióticos y otros tóxicos en el agua del grifo, hormonas con las que se trataron los animales que comemos, los metales pesados que nos llegan a través del pescado, el marisco, las amalgamas dentales, los gases y algunos fármacos (¿sabía usted que los antiácidos son una fuente de intoxicación por aluminio?) Reducir (en muchos casos eliminar) alimentos que provocan inflamación como los lácteos (también el azúcar, la carne y los aditivos alimentarios promueven procesos inflamatorios)... ¿Entiende la idea de 'cortar el grifo del veneno'?

2. Dar la bienvenida a lo bueno. Aquí hablaríamos de ingerir alimentos naturales, preferiblemente ecológicos, y lo menos procesados que sea posible. Verduras de todo tipo (incluyendo brotes), frutas, legumbres, frutos secos y semillas, carbohidratos integrales o completos (cereales integrales de verdad, harinas integrales de verdad, arroz integral, trigo sarraceno, quinoa, amaranto, espelta) combinados con proteínas de la máxima calidad (vegetales, huevos ecológicos o pescado hervido o al vapor, batidos especiales de proteínas, etc.), suplementos de ácidos grasos esenciales, suplementos de vitaminas, minerales, oligoelementos y otros fitonutrientes que, de ningún modo puede usted conseguir en dosis óptimas y efectivas con la alimentación (por muy bien que crea usted que come o por muy rico que esté el cocido de la abuela).

"Cerrar el grifo del veneno y dar la bienvenida a lo bueno" Esa es la estrategia.

No quiero dejar de mencionar la importancia que tiene la suplementación nutricional cuando buscamos resultados óptimos. NO se deje engañar con argumentos que utilizan el concepto de "tradicional" o "de toda la vida" para afirmar siguiendo una dieta equilibrada todo está bien. Eso no es más que una falacia. Sólo traeré a colación un argumento de peso, en forma de exhaustivo artículo de revisión publicado en la prestigiosa revista de la Asociación Médica Americana, la *Journal of the American Medical Association – JAMA –* (Fletcher et al. 2002), cuyas conclusiones lo deja bien claro: "Parece prudente para todos los adultos tomar suplementos de vitaminas"

En relación a la nutrición celular óptima, termino este apartado presentándole algunos ejemplos esperando que puedan servirle de ayuda:

- Siga una alimentación como la indicada en la recomendación número 2 sobre "dar la bienvenida a lo bueno".

- Asegúrese de tomar diariamente suplementos nutricionales como los siguientes:

    ▪ **Complejo Multivitamínico y Mineral**. Ejemplos como el zinc, el magnesio, el manganeso, el calcio, selenio, etc. son de vital importancia en la salud de la mente.

    ▪ **Complejo de vitaminas del grupo B**. Son esenciales para el cerebro. Ayudan en relación a la memoria, la concentración y problemas de atención, contra la depresión y el estrés, prevención de problemas cerebrales)

    ▪ **Suplementos de Ácidos Grasos Esenciales** (omega-3 y omega-6). Interesantes para el desarrollo cerebral general, mejora y mantenimiento de la memoria, prevención de enfermedades neurodegenerativas, depresión, etc.

    ▪ **Nutrientes específicos para el cerebro**: fosfatidilserina, glutamina, ginkgo biloba, triptófano, o aminoácidos concretos (consultar con un profesional). Este conjunto de suplementos son una ayuda para la memoria, la capacidad cerebral general, el estado de ánimo, el estrés y los problemas derivados como el insomnio, la apatía, el agotamiento. Además, estará usted sembrando semillas de prevención y reducción del riesgo de sufrir enfermedades serias.

Nota: no se aventure a tomar todo de todo sin preguntar antes a un profesional cualificado, lo cual no se limita a un médico convencional que lo que le prescribirá será antidepresivos, estimulantes y poco más.

Ha llegado el momento de ensamblar todo lo que venimos tratando a lo largo de los bloques y apartados de este libro. El siguiente y último apartado será (al menos así lo deseo) el trampolín definitivo para iniciar nuestro viaje hacia el desarrollo personal y la excelencia.

42. *Kaizen*: mejora continua. El camino del líder

El concepto **Kaizen** viene de la cultura japonesa y significa cambios para la mejora continua. Quiero concluir esta obra invitándole a incluir este concepto en la raíz misma de su liderazgo. La idea y/o la aceptación de que el camino ha de ser recorrido con pasos continuos, pasos encaminados a la mejora constante, debería ocupar desde la raíz o el comienzo mismo del liderazgo, hasta los brotes más nuevos, o el momento actual. Representa toda una filosofía que, de practicarla a consciencia, aumenta significativamente las probabilidades de éxito.

A modo de resumen final me gustaría intentar conectar todo lo que hemos explorado, reflexionado, explicado y propuesto, en un **esquema que represente el proceso de avance.** Una representación del progreso en el desarrollo personal, y el desarrollo del liderazgo en el camino hacia el éxito.

En esquema existen dos grandes áreas separadas por una línea vertical.

En la zona izquierda estaría todo lo relacionado con su programación mental, la influencia de su cultura, sus filtros a la hora de interpretar la realidad, sus creencias limitantes, su formación, su nivel previo de desarrollo personal, sus circunstancias. Aquí también se ubican las personas con las que más tiempo pasa en contacto, familiares, amigos, compañeros, profesores, autores a los que lea frecuentemente, seminarios a los que asiste, etc. Sería aquí donde colocaríamos la influencia que ejerce el "rebaño" en ese suelo imaginario sobre el que proyectan todo tipo de mensajes que nos adoctrinan sobre qué es y cómo funciona la realidad.

En este cuadrante inicial, todas esas influencias representan un auténtico proceso de programación que influye notablemente en nuestro pensamiento, en nuestra filosofía. Por supuesto, modificando algunos de los elementos de este conjunto, podemos cambiar nuestra filosofía. No hay duda de que si usted se rodea de personas más positivas, emprendedoras, formadas, visionarias, soñadoras y valientes, algo "se le pegará". Si usted cambia su lectura hacia aquella que le nutra y le enriquezca, si acude a eventos que ensalzan su espíritu y le inspiran de modo positivo y alineado con sus metas… el resultado final es una filosofía totalmente distinta. Este punto es importante porque nos lleva al siguiente. Basándose en su pensamiento y su filosofía, usted mostrará una actitud determinada.

La actitud sigue estando en un plano mental pero es la antesala al cambio de cuadrante. Gracias a una filosofía bien nutrida, usted tendrá un tipo de actitud ante la realidad. Si bien los hechos que ocurren en el mundo, a nuestro alrededor, son los mismos para todas las personas, la actitud que usted tenga ante dichos hechos, marcará la diferencia. Es decir, cuando hablamos de la crisis, la crisis está ahí y es la misma para todos. Por lo que no podemos, o al menos no deberíamos caer en el error de culpar a la crisis y al exterior de nuestros problemas. Es tan sencillo como admitir que, en la misma crisis, en la misma ciudad que nosotros, con las mismas dificultades y en el mismo contexto general, hay personas que consiguen unos resultados extraordinarios, mientras otras aún deambulan perdidas preguntándose dónde está el truco o quién es la persona culpable que no les deja avanzar. Es decir, el viento es el mismo para todas las personas (sopla en la misma dirección y con la misma intensidad), sin embargo, cómo configuremos y ubiquemos la vela será lo que realmente determine nuestro destino. La ubicación de la vela tiene que ver con la programación, el pensamiento, la filosofía y la actitud. El siguiente paso es navegar propiamente dicho, o lo que es lo mismo: tomar acción.

A la derecha de la línea vertical encontrará usted un *continum* de acciones. Dividiremos este cuadrante en dos zonas (arriba y abajo) mediante una línea horizontal.

Cada acción, cada paso que demos, por pequeño que sea, será susceptible de ocupar uno de los dos caminos que existen, el camino que avanza en el cuadrante superior, o el camino que avanza en el cuadrante inferior. Déjeme que le describa brevemente algunas características importantes que definen estos dos cuadrantes.

ARRIBA. Este es el cuadrante de las acciones positivas o favorables para la consecución de sus metas (esto bien podría trazarse para todo un grupo y estaríamos hablando de las metas del grupo). En este cuadrante la sensación general es de incomodidad. Sí, he dicho incomodidad. Para colmo de males, en este cuadrante usted se sentirá más bien sólo. Verá que no le acompaña mucha gente, si lo comparamos con el cuadrante de abajo – que está repleto. Aunque las acciones son positivas para nuestros objetivos, la realidad es que nos hacen sentir algo incómodos y sólos. A priori nada de lo que haga tendrá resultado aparente. Siendo sinceros, cuando usted elige comer un tipo de alimento más saludable, frente a opciones menos saludables (y en algunas ocasiones más sabrosas) no podemos decir que usted nota un "subidón" de salud impresionante. Más bien no nota nada, o incluso frustración por no haber comido lo que realmente le apetecía. La grasa que quisiera perder (por poner un ejemplo) sigue donde estaba, su metabolismo está prácticamente igual y aquí no parezca que pase nada. Cuando usted lea las páginas del libro que usted sabe que debe leer para avanzar en el conocimiento sobre aquello que le permitirá progresar, me temo que usted no notará nada, salvo que ha dedicado un tiempo preciso a leer unas cuantas páginas de un libro sin encontrar realmente demasiado sentido práctico y tangible en ello. Cuando usted se levanta temprano, más temprano que el resto, para preparar su agenda, hacer ejercicio, y dedicar unos minutos a programar su día, visualizar lo que va a hacer y planificar la estrategia teniendo en cuenta dónde la dejó el día anterior, otra vez me temo que volverá a NO sentir nada, salvo que ha madrugado más que el resto. Este ejemplo puede ser infinito, repleto de acciones que están encaminadas a conseguir sus metas, las metas de su equipo y que, por alguna extraña razón, todas comparte el elemento común de no suponer ningún cambio apreciable para su situación o su vida.

ABAJO. Este es el cuadrante de las acciones negativas. Las que le apartan de sus objetivos y le alejan de la posibilidad de alcanzar las metas que se trazó o que trazaron como grupo. En teoría, las acciones en este cuadrante le llevan a obtener resultados negativos y sufrimiento. Sin embargo, al igual que con las acciones positivas, eso no parece ocurrir en realidad. Cuando usted escoge la opción menos saludable pero más apetecible en el menú, no siente ningún problema, no ve aumentar de repente su grasa corporal, ni siente que se le obstruye una arteria o se le incrusta un metal pesado en el cerebro. Más bien siente usted placer real por su elección. Diremos que en este cuadrante se encontrará cómodo y, además, en compañía de mucha gente. La fiesta, sin lugar a dudas, está aquí abajo. Cuando usted no abre el libro que debía leer y opta por algún tipo de distracción que no aporta nada (¡ojo! nada en relación a la consecución de sus metas) más allá de la propia distracción, la realidad es que no se cae el mundo, su meta no se aleja ni un ápice respecto a como estaba el día anterior. Además ha disfrutado de esa distracción y, como suele decirse: *"¡Que le quiten lo bailao'!"*. Cuando suena el despertador a la hora que suena para todo el mundo, y usted ha dormido un poco más que las personas en el cuadrante de arriba no pasa nada. Si usted no dedica tiempo a visualizar, organiza su agenda una vez que llega al trabajo, y planifica la estrategia en el momento, no pasa nada.

Observe el esquema para una mejor comprensión de la idea.

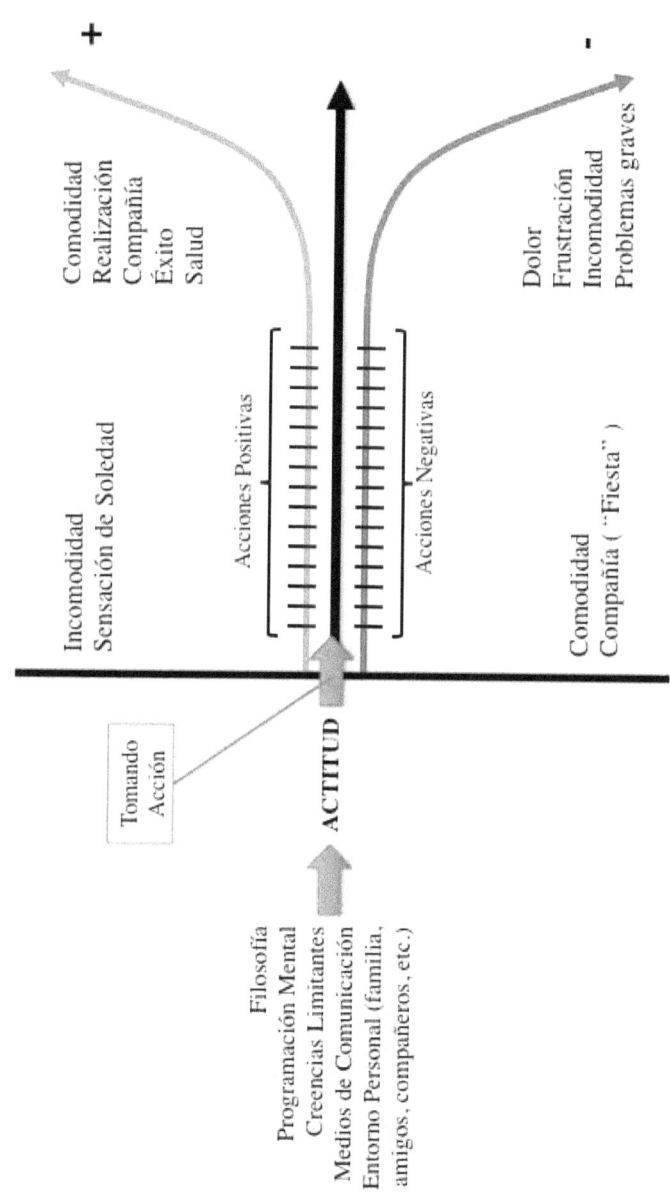

+

−

Comodidad
Realización
Compañía
Éxito
Salud

Dolor
Frustración
Incomodidad
Problemas graves

Acciones Positivas

Acciones Negativas

Incomodidad
Sensación de Soledad

Comodidad
Compañía ("Fiesta")

Tomando
Acción

ACTITUD

Filosofía
Programación Mental
Creencias Limitantes
Medios de Comunicación
Entorno Personal (familia,
amigos, compañeros, etc.)

191

Cuando comparamos ambos cuadrantes respecto al grado de cumplimiento de las metas y la situación actual, tenemos que admitir que no hay tanta diferencia. Lo cierto es que casi NO hay diferencia y NO parece importar que llevemos a cabo acciones positivas o negativas. Por lo tanto, cabe plantearse *'para qué'* tanto "cuento" de cuadrante de acciones positivas y demás pamplinas, y preguntarse cuál es realmente el grado de importancia de obrar en uno u otro cuadrante. Es cierto, debemos admitir que ese cuestionamiento es totalmente lícito a tenor de la comparación establecida. Sin embargo... este proceso no sigue así de manera invariable, sino que después de cierto periodo de tiempo, un buen día, de repente **TODO IMPORTA**. Desde ese momento, quien acumuló más acciones en el cuadrante de arriba, más acciones positivas, y quien permaneció incómodo más tiempo, sube como un cohete hacia arriba donde, curiosamente, la gente se siente tremendamente a gusto, cómoda, feliz, realizada, contenta, fluye en sus acciones personales y profesionales, etc.

Respecto a quienes acumularon demasiadas acciones y demasiado tiempo en el cuadrante de abajo, apegados a la comodidad y el calor del rebaño, usted mismo puede imaginar el desenlace. De repente, todo lo que antes era comodidad torna en un auténtico sufrimiento, a veces con consecuencias fatales. Se acabaron los días de confort, se acabó la "fiesta".

Kaizen es la filosofía que le acompañará en su camino de desarrollo personal y su viaje hacia el liderazgo ecléctico sólo si avanza en el cuadrante de arriba. Si usted acepta la incomodidad porque sabe que es sinónimo de crecimiento, si desarrolla la paciencia y todas las habilidades e ideas que he presentado en este libro, así como otras de otras fuentes de inspiración y aprendizaje que usted explore, llegará lejos y alto. Créame que lo conseguirá.

Randy Gage dice:

"Hoy haré cosas que los demás no quieren hacer;
para mañana hacer cosas que los demás no podrán
o sólo soñarán con poder hacer"

Creo que es una muy buena idea, y tremendamente cierta.

Ahora ha llegado el momento de agradecerle su compañía a lo largo de este libro. Dicen que el éxito no es el destino, sino el viaje. Me gusta esa idea. El verdadero recorrido hacia la excelencia comienza ahora. Desde lo más profundo de mi corazón, con todo mi respeto y admiración, le deseo un buen viaje.

GLOSARIO

Alopatía: Enfoque terapéutico basado en tratar los síntomas, sin prestar atención a la causa primera. Suele utilizar agentes farmacológicos en la mayoría de los casos.

Creencia limitante: Pensamientos, prejuicios y/o creencias que, lejos de ayudar en la toma de decisiones, o formulación de un juicio de valor, tienden a cohibir el avance y la acción. Carecen de base objetiva, basándose más en el miedo y aversión a toda novedad o al juicio de los demás.

Eclecticismo: Corriente filosófica que trata de aunar lo que considera mejor de las propuestas existentes respecto a un determinado asunto. En el texto alude al hecho de "beber" de diferentes fuentes, sin limitarnos por el hecho de que sean escuelas o tendencias diferentes, y siempre con la clara motivación de obtener un resultado mejor.

Empowerment: En el contexto del desarrollo personal y el liderazgo, refiere a la transferencia de poder y autoridad hacia otra persona. No es delegar, sino que implica motivar y ensalzar a la otra persona.

Etiología: Enfoque terapéutico basado en la búsqueda y tratamiento de las causas primeras que han derivado en una enfermedad y síntomas concretos.

Network Marketing: Marketing en Red o Mercado Multinivel, es una forma especial de comercio minorista que contiene elemento de modelos de distribución como la venta directa, venta electrónica, o el modelo de franquicia. La empresa distribuye productos o servicios a través de una red de consumidores finales, algunos de los cuales participan activamente ampliando dicha red, recibiendo comisiones según sus resultados.

Plan de Compensación: Sistema estructurado por el que se pagan las comisiones en una compañía de mercadeo en red

PNL: Programación Neuro-Lingüística. Concepto creado por Jonh Grinder y Richard Bandler, a principios de los años setenta. Forma de aprendizaje humano que tiene como objetivo enseñarnos a utilizar la mente y aprovechar su tremenda influencia. La PNL estudia la excelencia humana. Sus creadores estudiaron el por qué del éxito de determinadas figuras de renombre en diferentes ámbitos, con el objetivo de encontrar patrones comunes enseñables a cualquier persona para mejorar sus resultados.

Sponsor: También denominado en muchas ocasiones patrocinador, se refiere a la persona que invita y actúa como mentor de otra en una compañía de mercadeo en redes.

Dr. F. Carreño Gálvez.

Para contar con el autor como consultor, en la organización de seminarios, conferencias o impartición de cursos, puede dirigirse a la dirección de correo electrónico:

fcarrenogalvez@gmail.com

BIBLIOGRAFÍA

• Anthony Robbins, "Poder sin Límites". Random House Mondadori, S.A. 2005.

• Dale Carnegie. "Cómo ganar amigos e influir sobre las personas" (61ª edición). ELIPSE (2010).

• Fernando Pessoa. "Poemas de Alberto Caeiro". Ediciones PRE-TEXTOS. 2005. Valencia.

• Fletcher RH, et al. Vitamins for chronic disease prevention in adults. JAMA 2002; 287: 3127-3129.

• Jim Rohn: Diferentes programas, destacando: *Challenge to Succeed*, *Cultivating an unshakable character*, *Living an Exceptional Life*. http://www.jimrohn.com/

• Marta Miravelles. La integración. En el libro "El Club del Liderazgo" de Jose Antonio Sáinz y Juan Carlos Cubeiro. Ediciones Urano. 2005. Barcelona.

• José Luís Almunia. "Al liderazgo por la venta". StarBook ediciones. 2011. Madrid.

• Ken Blanchard y colaboradores. "Liderazgo de máximo nivel". Granica. 2007. Barcelona.

• Linda Lee Cadwell. "Bruce Lee: Pensamientos Extraordinarios". Ediciones DOJO. 2006. Madrid.

• Patrick Holford. "Nutrición Óptima para la Mente". Ediciones Robin Book. 2005.

• Rafael Echeverria "Ontología del Lenguaje". 2011. Editorial Granica. pagina 337 / ISBN 978-950-641-352-1.

- Robert T. Kiyosaki. "The Business of the 21st Century". Ediciones Dream Builders. 2010. Arizona.

- Ruiz, M. "Los cuatro acuerdos". Ediciones Urano. 1998. Barcelona.

- Seignalet J. Un régime alimentaire peut guérir la depresión nerveuse unipolaire endogène. Vous et les libertés, 1999. N° 3, 10-13.

- Stephen R. Covey. "Los 7 hábitos de las personas altamente efectivas". Paidós. 1997. Barcelona.

- Wilson JL. Adrenal Fatigue – The 21st Century Stress Syndrome. 2010. Smart Publications. California.